高校体育教学改革与健康教育研究

栾朝霞　著

北京工业大学出版社

图书在版编目（CIP）数据

高校体育教学改革与健康教育研究 / 栾朝霞著 . —
北京 ：北京工业大学出版社，2021.9
　　ISBN 978-7-5639-8129-8

　　Ⅰ . ①高… Ⅱ . ①栾… Ⅲ . ①体育教学－教学改革－
高等学校②健康教育－教学研究－高等学校 Ⅳ .
① G807.4 ② G647.9

中国版本图书馆 CIP 数据核字（2021）第 203344 号

高校体育教学改革与健康教育研究

GAOXIAO TIYU JIAOXUE GAIGE YU JIANKANG JIAOYU YANJIU

著　　者：栾朝霞
责任编辑：李倩倩
封面设计：知更壹点
出版发行：北京工业大学出版社
　　　　　（北京市朝阳区平乐园 100 号　邮编：100124）
　　　　　010-67391722（传真）　bgdcbs@sina.com
经销单位：全国各地新华书店
承印单位：三河市腾飞印务有限公司
开　　本：710 毫米 ×1000 毫米　1/16
印　　张：11.5
字　　数：230 千字
版　　次：2023 年 4 月第 1 版
印　　次：2023 年 4 月第 1 次印刷
标准书号：ISBN 978-7-5639-8129-8
定　　价：60.00 元

作者简介

栾朝霞，江苏徐州人，1977年生，汉族，1999年毕业于南京体育学院运动训练专业，2004年就读于南京师范大学体育教育专业，并获得硕士学位，现为江苏警官学院副教授。江苏省红十字会救护员，主要从事警察体育教学训练研究。发表学术论文30余篇，参与、主持院级课题5项。

前　言

随着全民健身和健康中国的深入推进，体育运动越来越受到人们的关注和喜爱，体育生活化是提高现代人生活质量的重要过程。高校大学生作为我国体育人口的重要组成部分，肩负着重要的历史使命与担当，青年强则中国强。在高校开展体育教学改革与健康教育是十分有必要的，要加强推进高校体育教育教学改革，创新教学方法和手段，促进高校大学生身心健康发展，为祖国的未来贡献自己的力量。

全书共七章。第一章为绪论，主要阐述体育与体育思想，体育课程在高校教育中的地位，体育锻炼对大学生身体健康的意义等内容；第二章为体育与健康，主要阐述体育与健康概念，影响大学生健康的因素，体育运动与营养、卫生保健，体育活动与社会适应等内容；第三章为体育锻炼与身心健康发展，主要阐述体育锻炼对身体健康的促进，体育锻炼对心理健康的促进，体育锻炼对社会主义核心价值观的促进等内容；第四章为高校体育教学基本理论，主要阐述体育教学的概念与特点，体育教学的原则与规律，体育教学的构成因素分析等内容；第五章为高校体育教学的功能解析，主要阐述高校体育教学的健身功能，高校体育教学的健心功能等内容；第六章为高校体育教学方法的改革，主要阐述高校体育教学方法的现状，高校体育教学方法的发展，高校体育教学方法的选择等内容；第七章为高校体育教学内容的改革，主要阐述高校体育教学内容的现状，高校体育教学内容的目标与要求，高校体育教学内容的改革与发展，高校体育教学体教融合的意义与发展等内容。

为了确保研究内容的丰富性和多样性，在写作过程中参考了大量理论与研究文献，在此向涉及的专家学者们表示衷心的感谢。

最后，限于作者水平不足，本书难免存在一些疏漏，在此，恳请同行专家和读者朋友批评指正！

目　录

第一章　绪论

高校体育教学作为高校课程的重要组成部分，将对学生的健康成长产生巨大影响，进而影响我们国家的未来。体育思想是高校体育长期稳定发展的"主心骨"，体育指导思想的科学制定也决定了高校体育的发展方向。本章分为体育与体育思想、体育课程在高校教育中发挥的作用、体育锻炼对大学生身体健康的意义三个部分。主要内容包括我国体育与体育思想的发展，西方近代体育与体育思想的发展，体育课程所发挥的塑造团队精神、加强学生的生存教育等作用，体育锻炼促进大学生体质健康和提高大学生身心健康水平等方面的意义等内容。

第一节　体育与体育思想

一、相关概念界定

（一）体育

不同时代的研究者对于体育的概念有不同的界定，不同的学者也会有不同的理解。一般来说，体育是以身体活动为基本手段，通过强身健体促进人们的生理和心理健康，包括竞技体育、学校体育和社会体育三个方面。

在"体育"这个词汇产生之前，人类的体育实践活动早就存在，而且，从历史发展来看，在不同的历史时期，体育也具有不同的实践内容，表现出不同的活动形态，具有其所处时代的特色；体育的内容随着时代的变迁也在不断丰富。随着社会的发展和生产力水平的提高，体育的内容还会不断地增加、丰富。

（二）思想

《现代汉语词典》（第7版）中对于思想的界定是"客观存在反映在人的

意识中经过思维活动而产生的反应结果"。《泰和宜山会语》中马一浮先生明确指出"文化根本在思想，从闻见得来的不是知识，由自己体究，能将各种知识融会贯通，成为一个体系，名为思想"①。这两种对于思想的定义，虽然看起来不尽相同，但是无论是"体究"，还是"思维活动"，均在强调经过自己内在加工而得到的产物。

（三）体育思想

综合分析我国学者对于体育思想的定义，可将体育思想界定为：人们鉴于自身的实际经历和所得经验总结出对体育及其实践活动具有一定影响力的观念和规律。体育思想是指在体育领域内，一个人或群体对体育活动这一现象进行的本质的、概括性的认识，是通过一定的思考活动总结出人们对于"体育"的总体看法，且通过思考活动反映在一个人意识中的客观存在的结果，是对体育现象及体育规律理性客观的认识，是对体育更深层次认识的归纳与总结，并以思想观点的形式表达出来。体育思想主要包括体育价值观、体育功能观、体育教育观等内容认识的总和。

（四）学校体育思想

综合分析我国学者对于学校体育思想的定义，可将学校体育思想界定为：人们为了更好地锻炼身体、习得技能，在学校体育理论和实践中所积累的认识和经验，人们立足于政治、经济、社会、文化、科技和人才需求标准等因素，经过长时间的实践经验总结和理论升华，所形成的对学校体育具有导向作用的意识形态。具体而言，不同国家在不同的社会和不同的时空环境中存在着不同的学校体育指导思想。与此同时，学校体育指导思想往往根据一个国家的政治、经济、文化等社会因素的发展变化而变化，故具有延续性、发展性之独特属性。

二、我国体育与体育思想发展

（一）增强体质体育思想

1. 形成过程

从我国近代的发展历史来看，曾经国民体质的羸弱与国家命运发展密切相关，增强体质是无数有志人士向往和奋斗的目标，青少年的体质关乎国家复兴和未来的大业。

---

① 蒋国保. 论马一浮《宜山会语》之主旨及其展开理路与意义 [J]. 江苏行政学院学报，2013（06）：19-23.

早在新中国成立之初，人民体质就已经无法满足生产劳动和国防的需要，在这种不容乐观的情况下，重视增强学生体质的学校体育指导思想就已经萌芽了。

1952年，毛泽东为中华全国体育总会题词"发展体育运动，增强人民体质"。毛泽东的题词不仅反映了党和国家对于体育工作的高度重视，而且指明了体育运动对于增强人民体质的重要性。此后，随着增强体质指导思想的执行，国民的体质健康状况呈稳定的上升趋势。

紧接着的三年自然灾害（1959—1961年）和十年的"文化大革命"（1966—1976年），严重损害了人民大众迫切提升体质状况的美好愿望。

1978年，我国发行了《十年制中小学体育教学大纲》（以下简称《大纲》），该《大纲》不仅批判了过往学校体育的"以军、劳代体"的错误主张，而且指出增强学生体质是学校体育的主要目标和任务。该《大纲》的颁布与实施标志着"增强体质"学校体育思想已初步呈现。

1979年，徐英超在其《两亿接班人的中小学体质教育需要调查研究》[①]的主题报告中将体育界定为体质健康教育。同年召开的扬州会议为"增强体质"指导思想做了官方"正名"。扬州会议召开以后，增强体质思想作为全国各级各类学校体育指导思想的根本目的更加明确，其力求改变单纯追求运动技术和技能的传习式教育，转而开始重视学生体质的发展。自此之后，增强体质思想一直指引学校体育的进步与强化，体育课的重点从注重运动专项技术的教授转换为增强学生的体质健康，并要求体育教师以学生为主体选择教学内容和手段。

2007年5月7日，《中共中央国务院关于加强青少年体育增强青少年体质的意见》中提出："增强青少年体质，促进青少年健康成长，是关乎国家和民族未来的大事。"

2017年1月，习近平总书记在北京冬奥会筹办视察工作中指出，"人生幸福快乐，强身健体十分重要"。习近平强调指出，坚持发展体育运动、促进人民体质增强是发展我国体育事业的根本方针和基本任务。这也充分证明了习近平同志极其重视体育在增强人民体质与促进全民健康方面发挥的积极作用。

2. 基本内涵

体质是指人体的质量，它是在遗传性和获得性的基础上表现出来的人体形态结构、生理功能、运动功能、心理因素等方面相对稳定的特征。根据体质的内涵定义，我们可以看出，体质定义中所包含的前三个因素是指向身体层面的，

---

① 徐英超. 两亿接班人的中小学体质教育需要调查研究 [J]. 北京体育学院学报，1979（03）：3-9.

"心理因素"是指向心理层面的。这也印证了"体质"并不是简单地指向身体的健康状况，也包含心理健康。

增强体质指导思想是以增强学生的体质作为学校体育主要教学目的的一种体育教学思想。在体育教学中将是否促进了学生的体质健康状况作为体育教学标准和评价标准。增强体质指导思想的理论基础是凯洛夫的教育学原理、巴甫洛夫条件反射学说和人的全面发展说。在课堂教学中注重教师的主导作用，教师在掌握教学大纲、研读教学材料、掌握所要教授的教学内容的情况下，通过体育运动训练帮助学生在体育课堂中锻炼身体以达到增强体质的目的。增强体质指导思想下学校体育注重对身体的生物学改造，具有生物体育观的特点。

3. 对体育教学产生的影响

（1）教学目标专注增强学生的体质

增强体质指导思想主要以锻炼学生的身体，改善学生的体质健康状况为主要内容。主张增强体质是体育的最终目的，所以增强体质应该纳入学校体育教学工作的指导目标之中。教学目标从致力于掌握竞技项目为国争光为主，而转为增强个人的身体素质。在该指导思想的影响之下，教学目标主要为锻炼学生的身体，增强学生的体质。

主张通过学习多种类型的体育动作，帮助学生掌握基础的科学锻炼知识和方法，提高身体素质，形成经常进行体育锻炼的爱好和习惯，帮助学生在身体和心理两个方面协调发展，达到增强体质的目的。教学目标影响了教学内容的选择，其内容的选择反对以竞技项目作为锻炼项目，以简单的动作作为身体锻炼的载体，在很大程度上忽视了教学知识、教学技能的学习。

（2）教学方法突出运动密度和质量

为了更好地达到"增强学生体质"的教学目标，增强体质指导思想颁布后，教学方法随之发生了改变。在增强体质思想指导下，学校体育教学方法的运用以保证体育运动练习的次数和密度为首选，练习次数和密度的增加，保证了学生在体育课堂中的运动量，在很大程度上改善了学生的体质状况。增强体质指导思想认为，只有在保证运动量的前提下，才能有效地改善学生的体质健康状况。根据增强体质指导思想，1999年10月由教育部、国家体委颁布试行的第三套教学大纲中提出了"课课练"的教学概念。第三套教学大纲"课课练"的概念打破了强调运动竞技的教学内容，编排体系不再以运动竞赛为中心，转而以增强学生体质为准则，对于行之有效的训练项目，争取"天天练，课课练"以便加大练习的密度和运动量。"课课练"是指在学生上体育课时，体育教师根据课时在课堂中抽取 5 ～ 10 分钟的时间让学生进行身体素质练习，以提高学生的力量、耐力、速度等，增强学生的整体体质。教学方法"课课练"的提出，丰富了学校体育教学的手段，明显地提升了学校体育课的质量和学生的体质健康状况。

（3）教学评价凭借生理指标变化度

增强体质指导思想强调学生体质的改善，因此对于学生动作技能和身体素质的评价是验证体质是否增强的重点。在体质教育指导思想的影响下，学校体育课程的评价方式开始注重"量"的变化，主要是针对学生的力量、耐力、速度方面的评价体系。该评价体系主张以检测学生的生理变化为中心，在课堂上检测学生的脉搏以反映到学生的心率变化图中，将学生生理指标的变化幅度作为评价学生体育课练习效果的标准。教学评价方式严苛、刻板，坚持以身体的生理指标变化作为评价课堂学习效果的标准，打击了体质状况较弱学生的学习自信心，使学生产生了抵触的心理，教学效果不理想。

（二）快乐体育思想

1.形成背景

快乐体育思想最先出现在日本。1970年，日本面临社会转型，转变了以往注重产业化的社会发展方向，逐渐向注重生活质量靠拢。日本国民的生活方式也随之发生了翻天覆地的改变。受原先社会观念的影响，人们在工作中的过度疲劳引发了严重的身体健康危机。社会转型后，人们拥有了充足的休闲娱乐时间，"体育运动能够释放压力，形成健康生活方式"的重要作用逐渐显现出来。在学校体育教育中，以往遵从"体力"和"竞争"为主的教学模式严重抑制了学生的个性发展，大部分学生产生了"抵触"体育课的心理。为了扭转这种"不良之势"，帮助学生养成热爱体育运动的习惯，日本学校以"运动的乐趣"为中心，进行了大刀阔斧的体育教育改革。

1977年，随着《学习指导要领》的颁发，日本学校体育指导思想开始转向"运动的乐趣"。经过两年的体育课程试点改革，1979年，日本开始在全国范围内正式推行"快乐体育"指导思想下的学校体育课程改革工作。

反观国内，20世纪70年代末期，因为深受"以运动比赛成绩作为衡量体育工作标准"的影响，我国体育领域开始出现以竞技运动为主，军事训练为辅的体育教学指导思想。这种体育指导思想的实行，使我国竞技体育水平得以飞速发展，在各项比赛中取得了优异的成绩。但是，这种体育指导思想也存在着诸多弊端，例如，过度强调竞技运动成绩，导致教育活动和训练方式单一、刻板，以致打消了学生的学习兴趣和参与体育运动的积极性。为了转变这种"被动态势"，我国体育学者开始寻找更适合我国国情的学校体育指导思想。

改革开放时期，我国学者不断深思体育教学指导思想中存在的欠缺，试图引入新的指导思想，为快乐体育思想的引进创设了良好的环境，其后，注重关注学生情感的"快乐体育"思想应运而生。

1985 年，我国初现"快乐体育"理念。起初，国人即便是体育领域的学者也未对其给予过多关注，一直到第 2 届"中日学校体育研讨大会"召开之后，这一学校体育指导思想才引起广大体育界学者的高度重视。日本的"快乐体育"指导思想及其实践活动顺应了我国社会发展、民族提升和国家富强的客观需要，故而引入我国，便得到了普遍认同与迅猛发展，不仅加快了我国学校体育教学模式的改革力度，而且成为一项非常重要的学校体育指导思想。

2. 基本内涵

"快乐"一词是快乐体育指导思想的核心，显然快乐体育指导思想的教学主旨是学习体育运动和收获运动过程的欢乐的融合。毋庸置疑，这是体育教学为满足学生身心发展需要而存在的内在追求。快乐体育内涵的实质是不再过分单一地追求运动结果和成绩，而是转向注重学习运动技能的过程，使学习者在运动过程中体会到学习体育运动的兴趣和乐趣，在体育运动中既能塑造健康的体魄和心理，又能体会体育运动带来的精神愉悦。快乐体育注重人的情感状态，本质特征为"寓教于乐"，关注学生在体育运动过程中的内心体会，促使学生在体育锻炼中真正体验到运动乐趣，在快乐的情感体验中掌握体育运动的知识、技能和技术。

"快乐体育"指导思想的含义不能简单地从字面意思上来解读，快乐虽然是快乐体育的核心内容，但是快乐的定义绝对不是简单的开心、快乐，而是在掌握体育技能、技术的同时，感受身体练习时所获得的快乐情感体验。快乐体育指导思想倡导对学生进行完整的人格教育、体能教育和智能教育，使学生在进行体育运动时获得身体练习带来的快乐体验。这种体验能激发学生对于体育运动的热情和兴趣，使学生真正地爱上体育。但是在快乐体育指导思想下获得快乐的情感体验并不代表进行身体练习时是没有痛苦的，要注重身体练习后所收获的克服困难、完成体育动作的内心喜悦。

3. 对体育教学产生的影响

（1）教学目标融合心理愉悦感悟

快乐体育指导思想下的学校教育重视育人，在指导思想的影响之下，学校的教学目标从注重体育成绩、结果的固定性目标，转向遵从认知、情感、行为三种心理活动的意义融合。学校的教学目标还在之前的基础上提倡和终身体育相结合，主张在快乐体育思想的指导下，使学生在身体锻炼中收获快乐和运动乐趣，帮助学生真正感受体育的魅力，推动学生树立终身体育观念。快乐体育指导思想在我国的推行符合我国当下的发展情况，该思想提出后逐渐受到我国体育界学者的普遍关注，快乐体育的出现对我国学校体育的教学实践活动产生了巨大影响。

（2）教学实践关注学生快乐体验

学生的情感体验是"快乐体育"在学校体育课程实践中的重要指标。在快乐体育指导思想的影响之下，学校体育教学更加注重学生在体育运动中所获得的愉悦感和幸福感。帮助学生在完成体育运动的过程中收获自信和快乐，学生参与体育课程不再是为了单纯地应付学习，为了考试和获得高分。这种体育指导思想的提出，改善了之前枯燥乏味的体育教学模式，在很大程度上提升了学生对体育课的喜爱程度，培养了学生乐学、好学的态度，充分培养了学生的个性特征。

（3）教学模式满足学生实际需要

学校体育教学模式在课堂实践过程中发生了质的改变，在快乐体育指导思想的影响之下，体育教育模式从重视教师的教育过渡到重视学生的学习、注意力和人格魅力。传统的体育教学观认为，学生只是一个学习的客体，参与学习的方式也只有机械地接受教师所教授的内容。这种教学认知因为忽视了学生在课堂中的主体地位，故而极易磨灭学生学习的积极性、主动性和创造性。然而，在快乐体育指导思想的影响下，体育课堂以学生喜闻乐见的运动项目为主，注重促进并开发学生的运动兴趣。在课程内容设计、课程内容开展以及课程评价体系中不仅要考虑教师的素质能力、知识储备、教学能力等外部因素，而且要充分考虑学生的兴趣、能力、学习感受等内部因素以及学生对教材的适应性。

（4）教学方法凸显学生内在感受

快乐体育指导思想影响着体育教学方法的转变，在以往的体育教学中，第一步为设定教学目标，然后在教学过程中根据教学目标安排教学内容、选择教学方式，教学评价体系也是根据教学目标严格制定与推行的。这样的教学方法过于生硬刻板，完全不考虑学生的基础和学习能力，最终造成"体育基础能力较好的学生失去了学习的兴趣，基础能力不够好的学生完成不了教师的要求"这种两极分化的现象。在快乐体育思想指导下，学校体育教学方法转变为以学生的身体发育水平以及学生的基础能力为参照标准，更注重学生在学习过程中所获得的主观感受。这种教学方法的改变让学生在锻炼身体的同时享受到了体育运动的乐趣，在很大程度上恢复了学生和教师对于体育运动的热爱。

（三）终身体育思想

1. 形成背景

1965 年，终身教育思想由法国人保罗·朗格朗提出，并在其 1970 年首次出版的《终身教育引论》中写道：教育不能只存在于人一生的某一阶段，而是应该贯穿于人一生的每一个阶段。终身教育不仅体现了教育的连贯性、延续性和整合性，其教育形式按阶段推进，具有一定的自主性，在实践过程中易于实行。基于这些特质，终身教育在提出不久后就被中西方很多国家所认同，被设立为学校体育改革指导思想。

1978 年，中国改革开放炮声打响，国外的终身体育教育理念随之传入我国，在 20 世纪 80 年代中期逐渐被我国教育界所认同，成为我国体育教育的主导思想。

国务院于 1995 年颁布《全民健身计划纲要》，其中明确指出：全民健身计划以全国人民为实施对象，以青少年和儿童为重点，要对学生进行终身体育的教育，培养学生体育锻炼的意识、技能与习惯。终身体育是以终身教育思想为基础而产生的，顺应了当代急剧发展的社会对人的身心、精神所提出的高要求、高标准，满足了社会对人身体素质能力的需要，符合"活到老，学到老"的教育理念。

2. 基本内涵

关于"终身体育"的基本内涵，国内很多学者都有不同的界定。有的研究者认为终身体育思想作为一种学校体育思想，可以培养学生终身学习体育知识以及运动技能的能力，它的产生是终身教育和现代社会发展在体育领域的融合。而有的学者将终身体育的含义分为两个方面：一是终身体育具有明确的指向性，终身体育指人从出生至死亡学习的全部体育锻炼运动，将体育运动真正融入人生的各个阶段中，成为必不可少的组成部分。二是以终身体育精神为向导，注重体育的体系化、整体化，使人一生中无论身处任何环境都有参加体育运动的机会。

终身体育不是单一强调某个环境下的体育活动，而是包括学校、家庭、社会的这三个维度的总和。所以终身体育主要强调的是体育运动学习的纵向发展。

终身体育主张帮助学生在学校掌握 1 ~ 2 项的运动特长，并在走出校门参加工作后能够不间断地进行体育锻炼。为每个人提供可持续发展的动力。终身体育的最终目标是学生能够在体育运动过程中发自内心地接受体育运动，帮助学生养成体育锻炼的习惯和意识。终身体育教学内容的安排为运动、文化、生活的三方融合，其特点是注重学校教育和社会生活教育的结合。

3. 对高校教学产生的影响

（1）教学目标体现教育的延续性

在终身体育指导思想下，高校教学目标基于学生体育知识和技能的学习，添加了在日常生活中继续进行体育锻炼的要求。在终身体育思想下，教学目标的设定首次体现了教育的延续性，其增加的目标内容对学生体育锻炼习惯的养成和延续有重要的意义。

人的一生会经历三个阶段，分别是成长发育期、成熟期和衰退期，无论在人生的哪个时期，都要通过体育锻炼来促进人的身体健康。在人一生的三个阶段中最为重要的是成长发育期，这一阶段是养成终身体育运动习惯的最佳时期。成长发育期对应的年龄阶段为 6 ~ 22 岁，几乎都在学校中度过。学校教育系统的、有组织的、全面的教育，为处在这一时期的学生养成终身体育意识创设了良好的环境。

（2）教学实践注重学生兴趣培养

在终身体育思想的影响下，学校体育开始注重体育课对于学生体育兴趣的激发。在体育课堂中，教师要在满足学生体育运动要求的基础之上，采用合理的教学方法和手段激发学生对于体育运动的兴致和热情，在实现体育教育目标的同时鼓励学生融入体育运动，培养学生进行终身体育运动所需要的条件，督促学生养成有规律的运动习惯。终身体育指导思想具有显著的衔接性、持久性，在其影响下，教学评价体系由以往的重视结果转变为注重过程。从之前的以教师为中心转变为以学生为中心，注重学生在体育课上的心理变化，以培养学生对体育运动的兴趣、爱好为主。

（3）教学内容倾向基础知识铺垫

学校体育教学内容的选择转向注重加强学生的体育参与意识，强调将体育教学内容的计划性与选择性相结合，并且鼓励提出教学内容的不同意见。终身体育教学内容选择为培养终身体育意识做好了基本的铺垫，在体育课堂中教授学生体育知识、体育技术技能以及运动损伤的防护知识，为学生养成终身锻炼的习惯提供必要的科学指导。终身体育倡导在增进学生生长发育、促进学生身体健康的基础上完成学校预设的教学目标，做好学生体质健康的"铺路砖"，帮助学生摆正体育运动在生活中的位置，让体育运动陪伴学生度过一生。

（四）全面发展体育思想

1. 形成背景

全面发展体育思想源于 20 世纪 50 年代马克思关于人的全面发展的学说，在我国，毛泽东同志全面完整地提出了全面发展思想。毛泽东同志强调我国教育思想应该以全面发展为引导，强调学生要在确保文化课程完成的同时，实现德、智、体三育的共同发展。当时全面发展思想逐渐被我国体育界的学者所接受，成为国内学校体育改革思潮中的重点。

1985 年，在应试教育的环境下，"全面发展"被正式确定为指导思想，其主旨是一切为了人民。江泽民同志在毛泽东、邓小平同志提出的理论之上，结合了当时社会发展的实际情况，在党的十六大中指出，要构建全民学习、终身学习的学习型社会，为人的全面发展提供良好的环境。

2013 年，习近平总书记在体育总局举办的全国体育先进表彰大会上重点指出，体育在促进人的全面发展等方面发挥的作用是其他任何教育都替代不了的，要切实发挥体育在促进青少年全面发展、健康成长中的作用。为贯彻落实习近平总书记强调的内容，2016 年国务院专门制定了《关于强化学校体育促进学生身心健康全面发展的意见》，对于执行全面发展的方针提出了意见，并明确规定了 2020 年学校体育的教育目标。党的十九大报告中着重声明必须坚持以人民为中心的发展思想，不断促进人的全面发展、全体人民共同富裕。这表明全面发展指导思想在新时代背景下成为具有中国特色的体育教育发展主题。

2019 年，习近平在纪念五四运动 100 周年大会上强调把青年一代培养造就成德、智、体、美、劳全面发展的社会主义建设者和接班人，是事关党和国家前途命运的重大战略任务，是全党的共同政治责任。

2. 基本内涵

全面发展指导思想衍化于马克思全面发展理论，马克思将全面发展理解为人的"能力"的全面发展，包含人的体能和智力的广泛、充盈、自由自在的发展。将促进身体健康、学习体育知识和增进思想品德涵养三者融会贯通是全面发展指导思想的最终目的。全面发展指导思想是随着人们对体育领域了解的不断深入，由生理、社会和心理三个维度组合而成的三元体育教学观。全面发展指导思想为促进学生德育、智育、体育全面协调发展，主导方向为完成体育教育的目标和任务。全面发展指导思想的提出使之前的体育教学生物观上升到了另一个层次。

首先，该指导思想强调个性展示在体育学习中的重要性，主张建立独立、自由、民主的教学环境，使全体学生的主观能动性得到更好发挥，全体学生充分发展个性，从而实现人的全面发展。

其次，全面发展指导思想重视理论联系实际在人的学习发展中的重要作用。这种发展理念认为在学校体育教育中，学生不应该只学习理论知识，还要重视理论联系实际的学习理念。只有自己身体力行学到的知识才会留下深刻的印象，从而更好地掌握这些知识。

最后，全面发展指导思想认为"自觉"是学习中非常重要的前提，强调学生主观世界的改变，认为高度自觉是在体育课程中实现全面发展理念的关键。

3. 对体育教学产生的影响

（1）为素质教育开拓发展空间

全面发展指导思想的执行为素质教育开拓了发展的空间。素质教育的思想可总结为：在当前社会发展和教育者的希望下，面向全体学生，全面提高学生各项基本素质，重视发展与培育学生的才能与态度，助力他们在德、智、体等方面灵动、活泼开朗、自觉地发展的教育形式。

随着全面发展指导思想在学校体育教学中的推广，教师开始注重学生的个性发展，提倡学生全面、自由、充分的发展，运动项目的设置也逐渐丰富完善。素质教育作为一种教育理念，反映了教育实施最优的状态，其最终目标是培育完整的人。素质教育的内涵是毛泽东在发表全面发展思想时规定的，并在今后的发展中成为素质教育改革的方针。全面发展思想是素质教育实施的向导，对素质教育具有非常重要的作用。

（2）体育观发展为三维体育观

全面发展指导思想主张促进人的德、智、体全面发展，在指导思想的影响下，学校体育摒弃了传统的生物体育观，主张以生理、心理和社会三维体育观的视角去审视学校体育的作用和功能。

这种三维体育观和传统的生物体育观的不同之处在于它使体育教学目标体系的建立层次和视角变得比以往更广泛，使学校体育在学校教育中的作用得到了更好地发挥。

在三维体育观视角下，学校体育教学目标设定的层面变得极其广泛，体育教学内容的安排更加丰富，教学方法的运用也偏向促进学生的心理发展和社会适应，教学评价体系逐渐多元化，充分发挥了学校体育在学校教育中的作用和功能。

（五）健康体育思想

1. 形成背景

"健康第一"指导思想初现于 1949 年中华人民共和国成立之际，我国伟大领袖毛泽东同志非常重视国民体质，尤其是青少年的体质。旧中国时期我国积贫积弱，还处于西方列强排挤、欺压的大环境之中，毛泽东同志在给当时的教育部长马叙伦写信时首次提出了"健康第一，学习第二"的思想，并提出要在全国范围的学校内实施。毛泽东同志的信件充分证明了"健康第一"指导思想是以增强国民体质为出发点而提出的，其主要目的是增强国民体质，进而保卫国家。

1951 年，中国政务院在其发布的《关于改善各级学校学生健康状况的决定》中提出：提升学生身体健康水平，是确保学生完成学习任务，培养出体魄强健的青少年的重要前提之一，要求各级政府教育行政部门和各级各类学校严肃注意这项问题，改变忽视学生健康、对学生健康不负责的态度，切实改善各级各类学校学生的健康状况。当时"健康第一"指导思想的提出主要是针对学生营养状况不良、学习负担过重等问题，旨在改善国民的体质。

1999 年颁布的《中共中央、国务院关于深化教育改革全面推进素质教育的决定》，重新提出了"健康第一"指导思想，并指出"体魄健康是青少年为国家和群众服务的基本前提，体现了中华民族旺盛的生命力，学校教育要树立健康第一的指导思想"。《国务院关于基础教育改革与发展的决定》中清晰地说明基础教育要执行"健康第一"思想，扎实提高学生体质健康水平。"健康第一"指导思想再次登上历史舞台，主要原因是当时我国学校教育过于注重应试教育思想，导致学生在成长发育阶段全部的重心都在学习和成绩上，形成学习成绩和分数排名比身体健康受重视的局面，严重危害了青少年的身体健康。

在《"健康中国"2030 规划纲要》《国务院关于实施健康中国行动的意见》与《全民健康生活方式行动方案（2017—2025 年）》等文件的发布后，"健康中国"这一发展理念从顶层被落实，是新时代体育指导思想引领下的具体体现。

2. 基本内涵

1946 年，WHO（世界卫生组织）界定了健康的概念，认为身体没有病症、不衰弱并不代表健康，健康是身体、精神和社会适应三个维度的统一。

而到了 1989 年，健康被重新定义为"健康是一个人在躯体健康、心理健康、社会适应良好、道德健康四个方面都健全，才是完全健康的人"。历经半个世纪的发展，随着我国时代、科技的进步，健康的定义也被赋予新的价值，包括身体健康、心理健康、社会健康和道德健康四个层面。

1978 年，邓小平在全国教育大会上提出，应该帮助学生在德育、智育、体育这三个方面都得到发展。

1979 年，我国重新恢复了在国际奥委会中的合法地位，为了更好地提升我国的体育竞技水平，制定了竞技体育优先发展的战略，"健康第一"指导思想被赋予了新的内涵。

2001 年《国务院关于基础教育改革与发展的决定》中指出：基础教育要贯彻落实"健康第一"指导思想，这时"健康第一"指导思想的再次提出是针对素质教育思想的添加和完善，它涵盖了"全面发展、抵制应试教育、完善素质教育、帮学生减负"等方面的意思，是新时代的学校教育指导思想。

3. 对体育教学产生的影响

（1）体育教学注重传授健康知识

"健康第一"指导思想是涵盖体质和心理两个维度的理论思想，强调以人为本。以"社会、生理、心理"三维健康观为支点，强调体育促进身心健康、增强社会适应能力、获得知识与技能的功能。"健康第一"指导思想的执行指明了我国的教育目标，顺应了中国当代教育的发展规律。

伴随着"健康第一"指导思想的执行，各学校体育教育的重心偏向于培养学生的体育与健康意识。学校体育教学目标建立在发展学生身体素质的基础之上，还统筹了学生心理健康发展的需要。在教学实践过程中，在培养学生身体素质的同时更加注重非智力因素的教育，教学评价指标也趋向多样化，从爱好、情绪、动机、态度和价值等方面建立了多重评价体系。

（2）学生体质健康状况明显改善

在我国学校体育贯彻"健康第一"指导思想后，青少年的体质健康状况出现了明显的提升。1995 年，体质健康普查表明，我国青少年的耐力素质严重下降，柔韧性差，肺活量处于下降近于停滞的发展趋势，超重和肥胖学生的占比大幅度增加，中小学近视率居高不下，有些地区还出现上升的趋势，青少年体质状况低于日本同龄人。

2014 年全国学生体质健康调查结果与 1995 年相比来说，学生的体质健康状况在大体上得到改善，特别是学生肺活量水平实现了总体上升，中小学生身体素质也显露出稳中向好的发展趋势。2014 年的体质健康普查结果证明"健康第一"指导思想的执行在很大程度上改善了我国学生的体质健康状况，也证明了我国贯彻"健康第一"指导思想是正确的，并且取得了理想的成就。

近年来，国家越来越重视体育健康问题，全国在校生的体质健康水平明显改善，不及格率呈下降趋势，但是学生的体质健康状况不容乐观，年级越高，体质健康达标率越低，大学生的体质健康不及格率高于中小学生，截至 2020 年，大学生不及格率约 30%，而小学生的不及格率只有 6.5%。

三、西方近代体育与体育思想发展

（一）西方近代体育思想溯源

希腊是欧洲文明的发源地，同时也是西方古代体育运动的圣地。城邦时期的希腊不仅为西方留下了斯巴达和雅典城邦的体育教育思想、体育训练实践和具有久远历史影响力的古代奥运会的体育精神和体育记载。虽然在古罗马皇帝狄奥多西亲手埋葬了持续一千多年的古代奥运会，但在古罗马时期，在不断军事扩张的过程中，罗马人的体育思想和体育文化也同样形成了不断扩大的影响力，最终也与古代希腊的斯巴达和雅典一样，成为西方古代体育发展的重要时期，形成了独具特色的古罗马体育思想和体育文化。

古希腊时期的奥运会，培养了西方古代体育中的民族意识和民族进取精神，形成了影响深远的奥林匹克神圣休战思想，为西方近代教育的发展留下了将竞技运动、神性与人性精神贯穿于青年教育过程之中的思想典范。苏格拉底、柏拉图、亚里士多德三位希腊学者，不仅是西方思想史上影响久远的哲学家，也是西方体育史上影响重大的体育思想家，他们的体育教育思想对于西方近代体育教育思想的发展产生了深远影响。

古罗马的体育文化虽然充满了残忍的对抗和畸形的娱乐特色，但是昆体良的体育教育思想、盖伦的体育健身思想都为后世西方体育思想的发展提供了宝贵财富。

中世纪虽然保守、黑暗，很多地方都受到基督禁欲主义思想的影响，但是该时期形成了骑士阶层，骑士的军事训练和竞技比武也成为具有时代特色的体育需求，进而造就了独具特色的中世纪骑士体育文化，成为维系西方体育发展的重要血脉。

总而言之，古代欧洲不仅有希腊、罗马的辉煌文明，更有灿烂的体育文化；中世纪的骑士体育是对古代体育血脉的继承和延续。这些都是古代欧洲为西方近代体育提供的文化土壤和文明遗产，是西方近代体育发展的思想基础和文化基石，为西方近代体育思想的萌生与发展提供了不同于世界其他地区的文化基因。

（二）西方近代体育思想的肇始

欧洲的文艺复兴运动带给西方社会的是影响久远的人文主义思想。文艺复兴运动的最大精神动力就是对人文主义的追求。人文主义者借助对欧洲古典文化与艺术的复兴，而追寻"人"，探寻"人"的价值、人生的自然需求和本质需要。文艺复兴运动以最大限度地释放人性为宗旨，彰显"人"的觉醒，掀起了涤荡西方世界灵魂的思想狂飙。

在文学领域，在但丁、彼得拉克、薄伽丘、莎士比亚等人的笔下，人的地位得到了苏醒，人性得到了颂扬，人的自由意志和伟大力量得到了赞美。

在艺术领域，尤其是在绘画和雕塑方面，艺术家们在宗教主题下充分展示人的魅力、人的力量与生气、人体之美，米开朗琪罗的雕塑《大卫》和《摩西》、达·芬奇的画作《蒙娜丽莎》都是典型的代表作。

在科学技术领域，哥白尼、开普勒和伽利略的学说极大地挑战了宗教领域地球中心说的权威，开拓了人们认识世界、理解世界的新途径；维萨留斯的人体构造学说和哈维的血液循环理论，借助解剖学的发展，为人们认识"人"自身提供了较之于宗教解说更为科学、理性的依据；而望远镜的改进、温度计的发明，也为人类认识世界、认识自身提供了便捷有效的科学工具。

在教育领域，人文主义思想更是发挥着创时代的作用，在需要"巨人"的时代造就了一个多才多艺的精英阶层。人文主义提倡的人本思想、平等思想也最终成为近代资本主义社会的主流价值观。而这种主流价值观同样也对近代体育思想产生了深刻影响，使得西方近代体育思想在肇始之初就带有鲜明的人文主义色彩，孕育着最早的人本体育思想。

（三）西方近代体育思想的初步发展

在由宗教改革运动开启的西方近代时期，社会思潮的动荡、信仰领域的冲突，再伴之以人文主义思想的持续影响，"人"在西方世界得到了本质性的回归。

经过两个多世纪的发展和提升，人本主义思想已经对西方社会的大多数人产生了较为深刻的影响。平等成了这一时期欧洲社会具有重要影响的观念，"人"的回归在宗教信仰领域得到了切实体现。同时，"人"的回归在教育领域得到了充分体现。在人文主义思想的影响下，欧洲近代教育思想有了很大发展，同时也带有明显时代特征。

第一，这一时期的教育思想，都包含着对天主教控制下的旧教育的批评和谴责。

第二，都主张普及教育。

第三，教育具有明显的双重目的。一方面是使人们具有学习《圣经》和新教教义的能力；另一方面是服务于世俗社会。

第四，都重视人文学科的教育。

教育思想中的这些特征，直接反映在社会教育实践中，并对教育领域的体育发展产生了重要影响。

"人"的回归使西方近代体育思想有了初步发展。在"人"的回归时期，人们获得了信仰的自由，信徒们接纳了肉体健康和世俗正常的生活，形成了整个西欧社会人们对世俗生活中体育的宽容和接受，为当时体育活动的发展扫清了障碍。与此同时，各类教会学校开始重视学生的身体健康和身体训练，信徒们找到了接受健身运动、参与体育活动的合理依据。在社会思想领域，人们接受了重视肉体健康的观念。

在夸美纽斯的体育思想中，不仅有重视身体健康的各种理由和依据，继承了人文主义者和新教思想家的男女平等思想，也产生了身体训练效法自然的思想，还在其终生教育思想中孕育了终身体育思想的幼芽，成为这一时期教育思想的集大成者。

这一时期身体观念的解放与更新，使得西方近代体育思想中以人为本的思想获得了进一步的发展。

（四）西方近代体育思想体系的基本形成

启蒙运动使得理性思维深入人心，理性精神得到张扬。启蒙运动在欧洲主要国家形成了不同特点的启蒙思想，但其共同特点则是启蒙思想家所宣扬的理性精神和自由、平等、人权、民主、法制等思想主张。启蒙运动不仅为资本主义在西方世界的发展扫清了障碍，为科学和技术的进步提供了理由，而且使西方人对上帝的信仰转变成道德领域的追求，使资产阶级宣扬的民主、自由、平等、博爱思想成为人们价值理念的重要内容，使西方人的价值理念摆脱了中世纪的旧论，而进入近现代社会的轨道，成为近代社会西方价值思想体系的重要内容，影响了西方社会诸多方面的发展。

启蒙主义者宣扬的自由平等、天赋人权思想和社会契约理论，对于西方近代体育思想的发展产生了重大影响，不仅使西方近代体育思想最终摆脱了宗教思想的束缚，而且使体育权利和体育平等思想进入西方近代体育思想的核心层面，极大地促进了西方近代体育思想的发展。就启蒙运动时期的体育思想发展而言，科学与技术的发展为其奠定了认识人体、科学发展的基础。培根的体育思想虽然零星，却为人们理性认识体育运动的价值、科学从事体育运动提供了一些认识论的依据。这一时期体育思想的发展，体现出明显的历史继承性和开拓创新性，并最终形成了西方近代体育思想的体系。这一体系的内容主要包括人文主义体育思想、经验主义体育思想、自然主义体育思想、唯物主义体育思想、泛爱主义体育思想和社会主义体育思想。

其中洛克的经验主义，将体育作为一切教育的基础，充分强调教育中身体健康的重要影响，并将之与国家繁荣、人的发展和个人的幸福生活联系在一起，给予体育发展和体育教育充分的发展理由，从而成为该时期体育思想流派的闪光点之一。卢梭在继承洛克自然法、自然权利思想和儿童教育要适应自然教育原则的基础上形成了其自然体育思想。卢梭的自然体育思想不仅摆脱了骑士体育的影子，而且充分发挥了自然环境和自然条件在体育训练和儿童身体健康养护中的作用，使培养身心健康的自然人成为其体育思想的目标，其自然体育思想成为启蒙运动时期最为系统和最为先进的体育思想。而且，其自然主义教育思想还对巴泽多、裴斯泰洛齐等人产生了较大影响，并由古茨穆斯所继承和发展。

启蒙运动宣扬的平等思想、博爱思想进一步发展了文艺复兴以来的平等自由观念，使得平等不再仅仅是上帝面前的人人平等，还发展成为智力平等、权利平等、教育平等这样一个不断丰满、实际的平等，也把男女平等的理念延伸到了体育领域。在体育教育方面，以巴泽多、古茨穆斯为代表的泛爱主义体育思想是这一时期众多思想流派中的又一闪光之处。

在文艺复兴时期早期空想社会主义思想的基础上，托马斯·莫尔和康帕内拉早期乌托邦式社会构想中的体育思想，发展成为傅立叶和欧文的改良资本主义社会弊端构想中的体育思想，出现了体育与生产劳动相结合的发展趋势，并在马克思和恩格斯的科学社会主义思想中体现为独具特色的体育思想，并对后世的苏联、民主德国和新中国的体育思想产生了影响。出于对资产阶级斗争需要的考虑，马克思和恩格斯重视军事训练的价值，为阶级斗争和暴力革命做准备的思想已经渐渐产生。

体育服务于人的发展思想，经历洛克体育育人的多功能观念和古茨穆斯身体和精神和谐发展观念之后，借助马克思和恩格斯的发展而进入了更高级的思想境界，成为人全面发展的重要内容。

在这一时期体育思想的发展中，受社会主流思潮的影响，平等、自由、博爱的社会价值观念在初步形成体系的人文主义体育思想、经验主义体育思想、自然主义体育思想、唯物主义体育思想、泛爱主义体育思想和社会主义体育思想中均得到了关注和体现，成为这一时期体育思想的共性特征。

（五）西方近代体育思想在学校体育领域的丰富与发展

从 18 世纪末期开始，在产业革命和科技进步的影响下，教育领域在继承以科学、民主、博爱为主题的启蒙运动优秀思想成果的基础上，随着产业革命的发展和科学技术的进步，努力通过教育改革来满足社会发展需要，进一步加强改革社会的愿望。这一时期的教育改革，随着自然科学知识的丰富和发展而对人的发展给予更为科学的理解和关注，使得这一时期的学校体育思想也带有明显的科学理性，对于运动的态度也从早期愉悦身心、健体强身发展成为科学的保健、理性的锻炼和充满教育诉求的运动。

经历宗教改革和启蒙运动的思想冲击和价值影响，体育活动从各种宗教的限制中解放了出来。人们开展休闲活动不再受到宗教信条的强力约束，不再受地方政府和民族传统的限制。这种情况在教育领域尤其如此。受到科学知识的强力支撑，人们对于体育有了更为合理、科学的认识。整个社会生活领域对于体育的宽容，不仅带来了社会领域体育的繁荣和快速发展，同时也带来了教育领域对于游戏活动和竞技运动的接纳与运用。学校领域的竞技运动发展不断加速，体育比赛日渐增多，对近代学校体育的内容体系形成了初步的建构。

托马斯·阿诺德发展学校体育的思想促进了英国绅士体育内容和模式的改进，促进了学校教育领域竞技体育地位的确立和以竞技运动为基础的学校体育思想体系的产生，突出了体育活动的道德教育、品格培养和精神培育的价值。不仅促进了当时学校教育领域体育价值观的确立，而且对欧洲乃至整个西方社会的体育价值观产生了持久而深远的影响。阿诺德的体育思想不仅在教育领域造成了巨大影响，而且产生了广泛的社会影响。

斯宾塞的体育思想更多地体现出科技进步和社会发展对教育观念的冲击和影响，充分体现了个人主义和科学思想在学校体育领域的映射。斯宾塞体育教育思想既有科学健康生活习惯的培养，又有男女平等体育思想的实践，更有强调体育对主知主义过度教育的重要作用的表达。

新教育思潮是在反对主知主义为代表的传统教育过程中产生的新思想，是资本主义社会发展对教育领域发展的新要求，体现在学校体育领域，则成为各位教育家进行教育改革和教育实践的新动力。以"儿童为中心"的新教育思潮带来了学校体育领域的新理念。体育的作用已经不仅仅是增强学生的体力和保持学生的健康这样的教育目标，其逐渐具有了丰富的社会性目标，成为培养学生各种社会所需要的能力的重要手段之一。这是在社会科学进步发展中学校体育思想和体育实践的重大进步。

公民教育理念的产生，是社会发展到一定阶段的产物，是人人平等教育理念的体现，也是国家主导世俗教育的体现。凯兴斯泰纳的学校体育思想，不仅是对空想社会主义者和科学社会主义者体育思想的继承，体现出体育与生产劳动相结合的思想内容和教育实践，实现了体育与劳作教育在教育功能和作用上的彼此融合和相互助力的作用，而且是建立在当时德国的哲学、社会政治学、心理学和教育学等各种学科知识基础之上的新体育思想。德摩林的体育教育思想与凯兴斯泰纳的体育思想最大的相同之处在于都是以国家主导的公民教育理念为基础，将体育作为培养学生社会意识、团体意识和责任感的重要工具。蒙台梭利将肌肉训练作为儿童日常生活训练的重要手段和重要内容，促进儿童体力和各种动作能力的协调发展，将体育教育和体育训练生活化，也是其在近代体育教育领域的重要改革和突出的新贡献。

综上所述，这一时期的学校体育思想，既有对卢梭、洛克体育思想的继承和发展，更有满足资本主义社会发展之时代需求的体现；不仅形成了较为科学的体育教育理念和体育训练目标，其目标的生活化、社会化程度也日渐加深；并在体育思想领域进一步将体育的教育价值、社会价值提升到了时代发展之必需的程度，成为公民教育的重要内容。

第二节　体育课程在高校教育中发挥的作用

一、塑造团队精神

（一）学校体育课程具备独特的培养团队精神的情境

学校体育教育具备与其他教育不同的教学情境，其中最大的区别就是通过在体育场的体育活动，训练学生的身体和心理两方面的素质，培养学生身体和心理同时适应社会的能力。学校体育课和体育活动是学生培养团队精神的重要途径，它具有长期性、系统性和趣味性特点，学生通过长期的体验去认知团队精神。总之，对于学生团队精神的培养贯穿于学校体育教育的起点和终点，学校也具备培养学生团队精神的情境。

（二）团队精神是运动员所必须具备的素质之一

在竞技体育领域，团队精神是一个运动队共同的信念和追求、作风和战斗士气、凝聚力和纪律性等内容的综合反映，是运动队上下精诚团结、目标一致

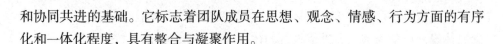

和协同共进的基础。它标志着团队成员在思想、观念、情感、行为方面的有序化和一体化程度，具有整合与凝聚作用。

（三）培养个人团队精神是群众体育的一大特色

随着我国"以人为本、全面、协调、可持续发展"的科学发展观的确立，人们的生活水平在不断提高，具体表现在居民生活质量的提高上，人们有了更多参与体育锻炼的支出，群众体育已成为我国社会主义体育事业的重要组成部分。

从生理发展上说，人民群众通过参与社会体育活动来增强身体健康；从心理发展上来说，群众体育则承担着提高人口素质的任务，换句话说，各种体育锻炼方法和手段既培养了人的身体素质，也塑造了人的心理素质。体育锻炼手段使得锻炼者知行统一，一方面塑造了锻炼者的团队意识；另一方面也通过体育活动培养了他们的团队意识和参与能力。

二、加强学生的生存教育

（一）帮助学生掌握生存技能

到目前为止，学校中有效的生存训练机制尚未建立，学生对生存训练内容的掌握更是微乎其微。因此，体育教师将生存技能的培训融入体育教学，是对新时期素质教育中体育教学的全新诠释。

（二）确保生存教育的顺利实施

作为教育学生的主阵地，学校加强学生的生存教育义不容辞。但家长是孩子的"第一任老师"，生存教育首先应在家庭中展开。现在很多家长对子女过分溺爱，让孩子生活在父母的"保护伞"下。而对于一些过分溺爱的举动，家长们并不自知，需要体育教师加强对学生的家访，增强与家长的沟通，说明生存教育的重要性，确保生存教育的顺利实施。

三、提高大学生综合素质

（一）思想道德素质

对于普通高校的大学生来说，体育教育不仅是体育能力与素质的培养，更重要的是通过体能教育来提高他们的思想道德素质，塑造他们的完美人格。体育课教学具有开放性、活动性、趣味性与竞争性等特点，在游戏和竞赛中，学生的思想、品德、情感、意志得到淋漓尽致的表现，体育课成为对学生进行思想教育的最好课堂。

在体育教学中完成每一个动作都需要遵循规范和标准，因此为学生养成良好的行为习惯提供了充分的条件。学生良好的行为规范对个人的学习、学生之间的交往、学校秩序的稳定、体育教学的顺利开展以及对未来社会的安定与发展都具有很大意义。

（二）文化素质

体育锻炼可以促进大脑的发育，使大脑获得更多的营养物质，体育锻炼还可以提高脑细胞的反应速度，对开发右脑起着重要作用。右脑是视觉、空间感觉、求异思维等能力活动的中枢，体育运动可提高大脑的功能，使其表现出敏捷的思维能力、良好的记忆力和丰富的想象力。

（三）心理素质

面对现代社会的竞争，风险的挫折无处不在，谁具备良好的心理素质，谁就能适应未来变幻莫测的竞争。心理素质是指个体在遗传的基础上，通过后天教育和环境影响而形成的较为稳定的心理品质，在体育教学中可以表现为对体育知识的认识、对体育活动的情感，在体育锻炼中可以表现为意志支撑、个体对体育活动的兴趣以及自信、自强、自制、乐观、豁达、协作、顽强、果断、竞争等品质，体育活动正是获得这些积极情感的效应场所。

四、奠定学生终身体育思想

体育教育的最优化应当是理论与实践相辅相成，在体育教学中先传授学生体育理论知识，然后在理论知识的铺垫之下进行实践，在实践中巩固、深化理论知识。然而在实际体育教学中出现了两种极端：一是只重视理论知识，为了防止运动过程中的运动损伤和意外，教师以理论知识为主，不将理论知识付诸实践，造成了学生对体育运动"纸上谈兵"的状况；二是一味地教给学生技能，然后让学生练习，没有理论知识的铺垫很容易使学生形成知识误区，练成错误的动作技能，甚至还会因为动作错误留下一身的运动损伤。教师应当合理规划理论传授和实践应用的比重，将理论和实践相结合，更好地引导学生进行体育学习，强化终身体育思想。

在教学内容设置中，以终身体育指导思想为向导，在制定教学目标时，注重分层次设定，有规划地完成体育教学任务。终身体育指导思想注重培养学生体育锻炼的技能，使之受益终身，这就要求学校体育课程的内容设置是简单便利的，对运动场地没有特殊要求，在学校内和生活中都是可以进行的。在规划体育课程内容的同时也应该充分考虑学生的身心发展需要，分层次地安排小学、中学和大学的体育教学内容，使三个阶段的体育课程内容呈现出连贯性和延展性。课程内容的安排要充分发挥体育教育的实用性，体育理论知识、运动技术技能以及常见的运动损伤护理都要涉及，有效地培养学生的终身体育意识。

新鲜的事物总是能引人注意，新颖的教学方法是吸引学生注意力行之有效的方法，学生在注意力集中的情况下学习的效率也会显著提高。教师的教学手段是教学过程中十分重要的内容，是激发学生体育运动兴趣的关键，也在很大程度上决定了学生对体育知识的吸收状况。在体育教学实践中，教师选择学生感兴趣的体育教学方法，并在教学过程中不断地渗透终身体育思想，可以潜移默化地培养学生的终身体育意识。例如，在体育课堂中可以采用分组教学的方法，把喜欢同一种或者同一类项目的学生分在一起，组内学生拥有相似的兴趣爱好不但可以在一定程度上提高学习的效率，而且学生还可以通过组内讨论相互答疑解惑。

体育教育的评价不能只参照学生的体育成绩，还要参照学生的学习态度、进步状况、情感体验和运动技术技能的掌握情况。多元化的评价体系，是促进师生之间沟通的桥梁，可以在课程之中及时发现并改正问题，以保证体育教学活动的正常进行。学校体育教学的评价体系不应该以最后的运动成绩为基准，终身体育指导思想的目的是在增强学生体质健康的基础上，帮助学生养成体育锻炼的爱好和习惯，因此学校体育教学评价体系应当注重过程评价和结果评价的统一。以终身体育指导思想为参照依据改变之前的学校体育评价体系，在评价体系中加入师生互评，将学生的学习过程纳入评价体系，融合终身体育指导思想的内容。

五、建设高素质的体育教师队伍

良好的教学效果离不开强大的师资力量，这也是高校体育教学所急需的。要想完成高校体育课程改革，建设高素质的体育教师队伍是关键，完善体育教师年龄结构和增加专业体育教师数量也是亟待解决的问题，另外还有年轻教师的培训工作以及教师的福利待遇等。

随着社会进步和科学文化知识的不断更新，教师自身需要不断学习教育相关的理论知识、课程内容、教育理念等，来提升自身能力。无论是教育理念、教材还是教学内容、教学方法、评价指标的改革，最终都要看教师的实施效果。

素质高、教育理念先进的教师队伍能更好地完成改革要求。高素质的教师队伍是指具有完善的知识体系架构，专业的教学技能和体育运动技能，优秀的个人政治品质和思想道德素质，具有一定心理健康咨询能力的教师队伍，这样全能、新颖、开拓型的教师队伍更有利于高校体育教育改革。

第一，注重吸引高质量的师资人才。应广泛引进各省市的体育人才，由于高校办学自主性与多样性相对不足，课程设置按部就班，体育教学一直处于传统阶段。大量引进新型体育人才，能给高校注入新鲜血液，有利于健康体育教学的实施。

第二，加强体育师资队伍的持续性培训。中老年教师是学校教学的坚实基础，青年教师是未来学校教育的骨干和主要力量，分别针对两种类型教师的特点予以培训，加强对中老年和高级职称教师的新理念灌输，通过"听课、研讨"切实提高青年教师的基本知识理念。可采取出国进修、培训教育等方法，提高整个教师队伍的学历水平，争取将其建设为数量充足、质量突出、学历平均、教学能力强、结构完整的体育教师队伍。

第三，加强高校之间的联系与合作，建设信息交流平台。为了减少闭门造车过程中走过多弯路，可以每年定期组织体育学科课程改革优秀经验交流会和研讨会，聘请省外著名高校体育院系的专家和教授进行学术交流探讨，充分调动专家学者共同探讨高校体育教学改革的积极性，组建体育教研室，确保全国高校体育教学的整体规划水平。

第四，加大体育教学科研经费的投入。加强体育师资队伍专业素质的培养，专业素质不仅包含专业知识，还包含现代教育理念和思想，应统一进行教师资格考核。高校应该无条件支持体育科研工作，促进体育教学与科研成果的有机结合，组织体育教师申报专题研究，并对获奖教师给予相应的鼓励和表彰。

第五，为建设高素质的教师队伍，营造良好的科研环境，提高教师的待遇，建立物质奖励与精神激励并存的体系，政府要加大对体育科研的扶持力度，从多方面优化师资、稳定教师队伍、提高教学质量。

第三节　体育锻炼对大学生身体健康的意义

一、促进大学生体质健康

国际竞争的实质是人才的比拼，良好的身体素质则是竞争的基石，因而大学生的体质健康更是关乎国家的前途与命运，而加强体育锻炼是改进大学生体质健康的关键。当今，学生体质健康下滑已经是一个不争的事实，为了有效遏

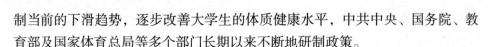

制当前的下滑趋势，逐步改善大学生的体质健康水平，中共中央、国务院、教育部及国家体育总局等多个部门长期以来不断地研制政策。

2007 年，有关部门陆续发布两大重磅文件，《中共中央、国务院关于加强青少年体育增强青少年体质的意见》和《国家中长期教育改革和发展规划纲要（2010—2020 年）》，就学校体育的指导思想、工作目标、工作机制、师资队伍、场地设施、体育活动与竞赛等进行了全面部署，要求全面实施《国家体质健康标准》，开展"全国亿万学生阳光体育活动"，建立家、校、社区"三位一体"的青少年体育网络。

2012 年和 2017 年发布的《国家基本公共服务体系"十二五"规划》和《"十三五"推进基本公共服务均等化规划》，明确了我国体育公共服务领域的主要发展目标，要为全面健身活动提供免费指导，保障人民参与体育锻炼的权利，体育人口逐步增长，为学生闲暇时间参与体育锻炼赢得了场地和免费的指导，有利于学生自觉行使体育参与的权利，培养体育锻炼的行为习惯。

二、提高大学生身心健康水平

体育锻炼是增强大学生体质健康的关键，积极参加运动的大学生肥胖风险明显降低，抓地力测试和立定跳远通过的概率也更高。同时，体育锻炼对于改善大学生的心理健康至关重要，其中包括大学生睡眠质量、焦虑和抑郁等。

大学校园具有得天独厚的体育资源，要增强学生体力活动，解决学生心理问题，这也已经成为大学生常见的公共卫生问题。具有中高水平久坐行为的学生，其抑郁发生风险高于具有低水平久坐行为的学生，低水平体力活动的学生抑郁发生风险高于较高水平体力活动的学生，该群体焦虑和睡眠问题的发生风险也会增加。

体育锻炼对抑郁有明显的预防效果，对于有抑郁遗传倾向的人群也大有裨益，即便在抑郁症遗传风险最高的人群中，运动也会使抑郁的风险大幅下降；具体来说，每周多运动 4 小时，抑郁风险能够降低 17%，同时，有氧运动、跳舞、器械运动等高强度运动和瑜伽、拉伸等低强度运动，均有预防抑郁的效果。

（一）改善大学生睡眠质量

从事高水平体力活动的学生，其睡眠质量问题发生风险远低于久坐不动的学生，体育锻炼与睡眠质量息息相关。

大学生进行有氧运动和抗阻锻炼可以改善睡眠质量，无论在健康人群还是疾病人群中均得到了体现，甚至是对于睡眠障碍人群，也有积极的改善作用。

在运动对睡眠质量的作用主要取决于运动强度，中等强度比小强度的体育锻炼对睡眠障碍患者睡眠质量的改善效果更好。但是在体育锻炼强度与睡眠质量改善效果的关系上，存在明显的人群差异，在制订运动方案的过程中需要注意。从锻炼时间的角度来看，早上进行体育锻炼比晚上锻炼对于改善睡眠质量的效果要更好，因此要用积极的体育锻炼方式调动大学生的运动热情。

（二）预防和缓解大学生焦虑情绪

大学生进行体育锻炼可以预防和改善其焦虑情绪，转移其焦虑的中心，促进其身心健康发展。无论是在健康人群还是在疾病人群中，在控制了干扰因素之后，体育锻炼与焦虑呈现出明显的负相关关系。另外，经常锻炼的人群比久坐人群的焦虑水平更低，从事高水平体力活动的人群焦虑发生风险低于久坐不动人群。因此，体育锻炼对焦虑发生的预防作用是显而易见的。这些都表明大学生进行体育活动可以减少久坐行为，增强体育锻炼，有利于焦虑的预防和改善，体育锻炼对焦虑的改善具有良好的效果。

体育锻炼的运动项目涉及篮球、网球、慢跑等有氧运动，同时也包括抗阻训练。另外，体育运动对焦虑的改善效果还存在性别差异。

不同锻炼形式也会影响焦虑的改善效果，集体锻炼似乎优于独自锻炼。急性运动也有较好的促进效果，而且短时间自主强度的有氧运动比抗阻训练更好。

不同强度体育锻炼的抗焦虑效果存在剂量反应，与45%和60%最大心率的锻炼强度相比，75%最大心率锻炼强度的抗焦虑效果最好。但是，运动抗焦虑的效果会因人而异，例如，对于经常锻炼的女大学生来说，最大强度70%的水平最适宜，而对不锻炼的女大学生来说30%的最大强度即可。

（三）防止大学生抑郁倾向

体育锻炼与抑郁具有显著的负相关关系，经过对混杂因素的校正之后，这一结论得到了进一步的验证与肯定。但这一关系可能存在性别差异，女大学生体育锻炼与抑郁关系不大，但是男大学生却出现相反的结果。具有中高水平久坐行为的学生抑郁发生风险高于低水平久坐行为的学生，从事中高水平体力活动的学生抑郁发生风险低于低水平体力活动的学生，这在大学生群体中也得到印证，表明减少久坐行为和加强体育锻炼对于预防抑郁的发生具有重要作用。

大学生进行体育锻炼能够有效改善抑郁，防止抑郁情绪产生。不论在疾病人群中，还是普通大学生或者少数民族大学生中，甚至是重度抑郁症患者群体中，均有所体现。体育锻炼对抑郁的改善似乎与运动项目无关，球类、操类、瑜伽和力量训练等项目都有良好的抗抑郁效果。体育锻炼对抑郁的影响有可能只是运动的锻炼时间、频率和周期在发挥作用，运动三要素与抑郁之间具有显著的相关性。在当前对抑郁小鼠研究中，已经发现体育锻炼抗抑郁的分子细胞机制和作用通道，通过改善海马体、前额叶皮质和杏仁核的功能，调节神经营养因子、血清素和多巴胺等含量及其受体活性等协同促进抑郁的改善，并且部分机制在人体研究中也得到了一定的印证，但是利用这些机制开发的相关药物，在临床上却存在治疗效果滞后的现象，相关机制研究仍有待进一步加强。

因此大学生进行体育锻炼与睡眠质量、焦虑以及抑郁具有显著的负性相关关系。高水平的体力活动和低水平的久坐行为可以有效地提高睡眠质量，降低焦虑和抑郁的发生风险，已经在不同的人群中得到印证和支持。大量的实验结果表明，体育锻炼对睡眠质量、焦虑和抑郁存在显著的促进作用，同时肯定运动要素在对心理健康促进过程中的剂量反应。值得注意的是，中高强度的体育锻炼被广泛认为具有最佳的促进效果，但是存在性别差异和人群的差异。

大学生经常参加体育锻炼（有氧运动、力量训练或者中国传统养生运动），参加体育社团的各项体育活动，对于大学生的身心健康具有很大的好处，大学生在参加体育锻炼时得到了社会的支持和认可，在积极体验体育活动中，生理变化也得到了满足，改善大学生抑郁，缓解大学生的学习压力，改善不良情绪，也能增进睡眠质量水平。

体育锻炼运动量水平越高，其睡眠质量得分越低，但是只有小运动量组别和大运动量组别之间具有显著差异。总而言之，相较于小运动量，大学生运动量越大，身心健康水平越高，至于采用中等运动量和大运动量哪种更好，需要依据不同学生特点进行选择。大学生体育锻炼运动量越高，其抑郁、焦虑水平越低，睡眠质量越好，心理健康水平越高。

第二章　体育与健康

　　随着健康中国、体育强国战略的实施，体育与健康教育受到政府、社会以及家庭的重视。健康行为是发展体育运动能力和体育品德的核心，健康是发展体育运动的最终追求。本章分为体育与健康概述，影响大学生健康的因素，体育运动与营养、卫生保健，体育活动与社会适应四个部分。主要内容包括体育概念的演变及本质特点，体育的本质，影响大学生体质健康和健康素养的因素，改善大学生健康状况的途径，体育运动中膳食营养对体能的影响，体育运动中的卫生保健，体育活动对社会适应能力的影响等内容。

第一节　体育与健康概述

一、体育概念的演变及本质特点

（一）体育概念的演变

　　关于体育概念及其演变的文章较多、观点各异，有的借鉴国外的学术观点进行讨论，有的从国内体育的演变说起，还有的根据历史的脉络进行讨论。2010年，韩丹[①]在《谈体育概念的源流演变及其对我们的体育认识和改革的启示》中对体育概念的起源做了详细的分析。

　　首先，韩丹在文章中说到在1762年法国出版的卢梭名著《爱弥儿，或论教育》中虽然提出了体育这个词，但卢梭不是现代体育概念的最先提出者。因为卢梭这本书的主要内容是对儿童成长的养护、保育、照料、运动和身体锻炼等。因此，人们把他的教育体系称为"自然教育"或是"自然的教育"，并不是体育。在卢梭的时代尚未出现专称体育的词语和概念。韩丹认为真正意义上的体育概

[①]　韩丹.谈体育概念的源流演变及其对我们的体育认识和改革的启示[J].体育与科学，2010，31（04）：1-8.

念最早见于 1808 年发行的居里安《教育概论：身体的、道德的和智力的教育》一书中。此书列出教育的三大组成部分，而且把"身体的"列为教育的第一部分。

其次，对 1861 年结集出版的斯宾塞的著作《教育论》（全名《教育——智育、德育和体育》）中关于现代体育概念起源的描述，韩丹持不赞同的态度。这种把教育分为三部分的思想显然同 1808 年法国出版的《教育概论：身体的、道德的和智力的教育》非常相似，但是斯宾塞著作中所说的"身体的"内容实际上是对儿童日常生活中的教育，如儿童身体锻炼的活动时间、儿童的饮食营养与衣着方法、环境建设以及教师对儿童的教育方式等。由此可见，斯宾塞的体育同卢梭的"自然教育"十分相似，仍然属于古代体育即自然体育的思想范畴。不是现代体育概念的起源。

最后，韩丹认为现代体育概念的出现应该在 1863 年前后麦克伦出版的《体育的系统》一书中，麦克伦将身体活动与教育相结合，强调身体活动在生活教育上的价值，打破以往片面的健身、强力、医疗及军事训练等教育目的，真正把身体的教育同生活的教育分离开来，之后成为国际通用的"身体的教育"概念。除此之外，韩丹还对俄、日、美体育概念的演变进行探讨，指出苏联的体育是一种文化活动，日本的体育属于教育而不属于身体，美国身体活动的实质就是适应，个体的健康就是适应，人的最根本的身体能力就是适应能力等，通过以上论述我们可以看出体育概念的演变与文化背景、社会环境是紧密联系在一起的。人们生活方式的不同，认识事物的方式不同以及地域差异等，造成不同国家对体育的不同解释。这种现象的产生是必然的，不同的国家对体育的多方面发展，不仅在总体上丰富了体育的内容，而且为各国之间的相互借鉴和参考提供了更多的资源，这也为我国体育的发展和创新创造了条件。

我国体育概念产生于 1902 年左右，当日本的"体育"一词传入中国之后，我国才有了"体育"这个概念。关于我国体育概念演变的文章有张慧[①]等人的《浅议我国体育概念的历史演变过程》和黄德春[②]的《我国体育概念发展的哲学思考》等。他们都把体育概念的演变按时间分成几个阶段，再针对某一阶段体育的发展进行研究。

张慧在文章中将 1915 年至 2006 年体育概念的演变过程分为五个阶段，前三个阶段从 1915 年开始至 1949 年中华人民共和国成立前夕，这一时期的体育归属于教育，其目的是通过有规律的身体运动达到强身健体的目的并促进心理的发展。第四个阶段从 1949 年至 1976 年"文化大革命"结束，该时期体育

---

① 张慧，杜寒，刘喜山.浅议我国体育概念的历史演变过程 [J].体育世界，2006（09）：14-15.
② 黄德春.我国体育概念发展的哲学思考 [J].体育文化导刊，2005（02）：38-41.

概念的内涵仍然是增进健康、增强体质，但在功能方面上升到为国家和社会政治、经济服务的高度，而不仅仅是学校教育。第五个阶段从 1976 年至 2006 年，韩丹简单概括了这一时期的不同观点，说明这一时期关于体育概念的讨论开始增多。

黄德春的文章是将改革开放以后至 2005 年的体育概念发展划分为三个阶段详细说明。第一阶段是 20 世纪 70 年代后期至 80 年代初期，主要强调身体运动和身体教育。第二阶段是 20 世纪 80 年代中后期至 90 年代初期，随着体育内涵的逐渐扩大，突出体现了体育教育、竞技体育与身体锻炼。第三阶段是 20 世纪 90 年代中后期至 2005 年，体育又与政治、经济、文化、社会、生活、心理等方面普遍联系在一起。通过以上文章我们可以看出进入 20 世纪 80 年代后，关于体育概念的讨论蜂拥而至，这种现象的产生与我国经济的复苏和人们生活水平的提高是分不开的。在这一时期也标志着我国各学科体系开始建立，关于学术的讨论也开始增多，各学科体系的发展也为体育理论界的发展提供了很大的帮助。关于体育概念的演变，学者还试图从哲学视角进行讨论，从古代体育视角进行讨论，但是这些讨论都离不开时代的变迁和人类社会的发展。

综上所述，关于体育概念演变过程的研究可以看出，不同地域和不同文化产生不同的体育概念。时期不同、社会环境不同以及人们对事物认识的不同，对体育的需求也不同。因此，通过回顾体育的演变过程，我们可以发现体育概念的演变是紧跟着社会发展和人们的需要变化的，不同时期的体育内涵和外延也随之变化，现如今的体育概念也应与早先的体育概念有所区别。因此，追寻其演变的规律，有针对性地理解不同时期体育概念的变化，为发展一个符合新时代需求的体育理论打好基础。

（二）体育的本质特点

韩丹认为体育一词本义与教育相关，因此，作为舶来词，"体育"在我国也应该归属于教育。韩丹将体育对象限定在接受身体发展教育的在校学生（到 20 岁左右），不包括学龄前教育的婴幼儿，也不包含成年人和老年人，也就是从学校毕业进入社会担负了社会角色的人。

谢松林[①]从语言学的角度讨论体育应该归属于教育，即身体教育。从语言学角度来看，"体育"是一个名词，名词中都有一个主体字，代表该词的属，而且常置于词的后部，另外的字对主体字起修饰的作用，代表性质，置于主体字之前。就"体育"这个词来讲，"育"代表词的属，因此，体育只能属于"教育"。

---

① 谢松林. 论"体育"的名与实 [J]. 体育学刊，2009，16（11）：5-9.

胡科 ① 认为"任何形态的体育均是一种以身体为载体的人类所独有的文化活动，因此，身体必然成为解读体育问题的逻辑学起点。以身体为逻辑起点的体育应当持有历史的、发展的、实践的眼光"。

二、体育的本质

（一）从体育的起源看体育的本质

早在 20 世纪初，人们就开始探讨体育的起源问题。中外众多历史学家对体育的起源问题进行了大量研究，也产生了许多关于体育起源的观点。有的学者认为体育内容与人类早期的生产劳动技能有关，体育起源于生产劳动；有的学者认为体育起源于教育；也有的学者认为体育起源于战争。现代体育中许多运动项目都是由战争技能延续下来的。此外，还有学者认为，当今体育的某些内容与古代的宗教祭祀活动和医疗活动具有渊源。

从以上列举的有关体育起源的观点来看，尽管人们对体育起源和用途的指向有不同的认识，但都承认一点，即体育原本就是人类有目的、有意识的一种社会活动。因此，我们可以认为有意识、有目的的社会活动是体育的本质属性之一。

（二）从体育的存在形式看体育的本质

人们感受到的体育存在形式，就是肢体的运动。只要一提到体育，在人们的潜意识中就会浮现出人在奔跑、跳跃、投掷、对抗中的形象。人类的力量、速度、耐力、灵敏、柔韧等素质也只有在身体的运动状态中才能显现出来。这一点几乎对所有体育内容都适用。只有少数体育内容的特点不明显，如棋、牌、钓鱼、信鸽、航模、无线电、气功之类。但是业内人士认为，这部分体育内容的身体运动的特征并非不存在，只是表现为身体运动的另一种形式（内隐式）而已。它们对人身体耐力、灵敏性的要求甚至更高。由此可见，肢体的外在运动是体育内容的一个本质属性。

（三）从体育的功能看体育的本质

体育的功能曾被人们概括为三大部分，即健身、健心和乐群。人们参加体育运动可健康肌体，发达肌肉，提高力量、速度、耐力、柔韧、灵敏协调等素质，增强免疫力等。这也是绝大多数人参加体育锻炼的第一价值追求。所谓健心，是指体育对人心理和精神层面的影响和作用。拳击、摔跤等直接对抗性项目可

① 胡科，虞重干.论大体育的逻辑起点与演绎路径：从身体的角度[J].南京体育学院学报（社会科学版），2010，24（02）：48-51.

以锻炼人的勇敢；长跑、自行车、爬山不仅可以锻炼人的耐力，同时也锻炼了人的毅力和忍耐力；射击、射箭、棋类等培养了人的专注、沉着和缜密等。这都是人们参加体育运动时所追求的心理和精神方面的收获。所谓乐群，即在社会上与他人相适应，正确相处的良好状态。容忍、服从、包容、合作等每个社会人必须养成的社会素养和态度。这些素养和态度不是与生俱来的，是在后天的社会生活中所习得的。而体育恰恰为人们创造了理想的学习环境。篮球、排球、足球、拔河、接力跑等要求参加者必须配合默契，扬长避短、发挥集体优势，这就无形地教会了人们包容和合作；规则和裁判在体育运动中是至高无上的，在运动实践中人们潜移默化地学会了容忍和服从等。所有这些都是人们体验到的体育的基本功能。至于体育的政治功能、经济功能等是体育在特定的社会环境下才显现出来的。据此，我们可以认为追求人自身的身心发展、满足自身的高级需要也是体育的一个本质属性。

三、健康概念及健康教育

（一）健康的概念

实施健康体育教学的前提条件是正确认识和理解健康的概念，只有抓住健康体育教学的核心，才能坚定不移地走健康体育的道路。健康是人类的第一财富，维护全体公民的健康，提高人民的健康水平是社会主义建设的重要任务之一。

健康分为身体健康、心理健康和社会适应三个方面，关注个体在社会中的存在状态或生存质量。因此，即使身体健康，而心理健康和社会适应都不能保持良好状态或存在缺陷，也不符合"健康"的定义。事实上，人体健康处于动态的平衡过程中，换句话说，只有使机体处于生理、心理、运动的动态平衡之中才能保持和促进健康。

健康是每个时代人们永恒的追求，是个人能力发展和自我价值实现的源泉，幸福生活的基础，是国家医疗卫生条件改善的标志，是社会生产力发展、经济进步、民族兴旺的保证，也是衡量国家综合国力的重要指标之一。但由于所处环境和条件不同，社会价值观以及个人的社会地位不同，对健康的理解和需求也因人而异。总体来看，随着社会生产力和科学技术的不断进步，生活水平的不断提高，人们对生命的认识不断加深，对健康的需求日益高涨，对健康外延和内涵的认识由表及里，用更加系统的眼光把握健康的概念，树立"健康第一"的思想。要维护全体学生的身心健康，培养学生热情、主动的性格，发展全民体育运动，增强人民体质，提高健康水平，实现中华民族的伟大复兴。

（二）高校大学生健康教育

人民健康是民族昌盛和国家富强的重要标志，党的十九大提出"实施健康中国战略"重大决策，将维护人民健康提升到国家战略高度。大学生是推动健康中国建设的重要人群，然而现阶段大学生的健康状况不容乐观。为落实健康中国建设对高校健康教育的要求，提升大学生健康素养水平，改善大学生健康状况，以大学生健康教育内容为核心，探索大学生健康教育工作新思路、新途径、新方法。

普及健康知识，提升国民健康素养是健康中国建设的基本路径之一。高等教育阶段是大学生健康素养形成的重要时期，大学生作为国民新思想、新技术的前沿群体，是自身健康第一责任人，同时担负着传播健康理念、引领健康生活方式的社会责任，可见大学生健康教育在健康中国建设中的重要性。目前，我国大学生健康正面临着严峻挑战，艾滋病、乙肝、结核病等重大传染病在普通大学生群体中感染率逐年上升，心理健康问题不容忽视，大学生自杀、伤人等极端案例时有发生，不良生活行为方式带来的亚健康问题比较突出。

高校开展健康教育的主渠道是课堂，高校需按照要求因地制宜制订健康教育教学计划，安排规定课时开办健康教育公共课程。我国各省各地区高校为推进健康教育做了大量工作，已探索出一些较为成功的健康教育模式，如山西医科大学团队构建的医学院校大健康人文教育模式，然而大部分高校开展健康教育的内容仅是对健康相关知识的组合拼凑，高校健康教育自身缺乏独立、完善的健康教育课程体系及科学、可行的教学模式。因此，现阶段大学生健康教育工作的关键在于确立科学、系统、适用的大学生健康教育内容。

进入 21 世纪的 20 年来，大学生健康教育快速发展，高校工作者和相关学者从很多方面开展了大量工作，心理健康教育、艾滋病预防等内容是当前大学生健康教育研究的主要内容，研究方法大多局限于现况调查、影响因素分析等，缺乏对大学生健康教育内容的全面研究。要以大学生健康教育内容为研究对象，将文献计量法、德尔菲法、层次分析法有机结合，构建大学生健康教育行动内容体系，为大学生健康教育研究提供新的视角，为大学生健康教育课程体系的构建奠定了基础。

大学生健康教育是高校教育工作的重要内容，大学生具有较高的健康素养水平，不仅可以维护自身健康，还可以作为传播健康知识、引领健康生活方式的重要纽带。

1. 高校大学生健康教育现状

我国大学生健康教育研究论文的数量从 1987 年以来总体呈增长趋势，可分为三个阶段：1987—1997 年，这一阶段大学生健康教育研究发展缓慢，研究热点主要为心理健康教育；1998—2008，这十年大学生健康教育研究发展迅速，尤其是 2003—2005 年，年度论文数量逐年增长，体育与健康、艾滋病预防和性与生殖健康教育、精神卫生是这一时期的主要研究内容；2009—2019 年，这一阶段论文的年度发文数量虽仍保持在较高水平，但除在 2013 年和 2019 年出现波动外，整体发展较上一阶段呈下降趋势，对吸烟、饮酒、膳食、近视、口腔卫生、肥胖和超重、行为成瘾、网络等不良生活方式研究增多，一方面反映出由不健康生活方式造成的健康问题开始得到重视；另一方面反映出大学生面临的健康问题日益复杂，大学生健康教育需要新思路、新模式、新方法。

我国大学生健康教育研究可分为 7 个主题：主题 1 为大学生心理健康教育，主题 2 为艾滋病等性传播疾病研究，主题 3 为高校体育教学研究及课程改革，主题 4 为大学生精神问题相关研究，主题 5 为大学生健康素养调查及影响因素，主题 6 为大学生性与生殖健康教育，主题 7 为常见有害健康行为研究。

2. 加强大学生健康教育的途径

（1）完善高校健康教育的政策与法律，建立高校健康教育治理体系

大学生健康教育单靠高校内开设健康教育课程这一单一途径很难真正改善学生健康状况，需要个人、学校、教育部门协作。我国大学生健康教育面临的关键问题是高校对健康教育工作不重视，需要从法律上对高校健康教育工作加以规范和保障，并建立完整的高校健康教育治理体系与之配套。

（2）高校需要建立专兼结合的大学生健康教育工作队伍

高校健康教育教师既要掌握健康知识技能，又要懂得教育教学理念和策略，负责学生健康教育在内的高校卫生保健管理方面的专业性技术指导工作。2018年，教育部审批通过全国 35 所本科院校创办"健康服务与管理"专业，意味着我国开始培养专业的健康教育人才，但目前在校生规模很小，行业人才缺口极大。在这种情况下，强化校医务室、心理咨询室、体育教学教师、学生辅导员、管理人员的健康教育职责，形成相对稳定的校园内专兼结合的大学生健康教育工作队伍。

（3）围绕健康生活方式养成，加强慢性非传染性疾病预防

高血压、糖尿病、癌症等慢性非传染性疾病患病年龄逐渐年轻化，"健康中国"行动包含了心脑血管疾病防治行动、癌症防治行动、慢性呼吸系统疾病

防治行动、糖尿病防治行动等，十五项行动中近四分之一是关于慢性病防治的，足以体现出慢性病对国民健康的危害。除了遗传因素、环境因素外，不良生活行为方式是慢性病的首要危险因素。健康行为指人们为了保持或促进健康、预防健康问题，或打造良好身体形象而进行的活动，健康生活方式则是健康行为的集体模式，大学生日常生活以宿舍为单位，其自身能否树立良好的健康行为受周围人生活习惯的影响，健康行为的树立并非一人之事。降低大学生慢性非传染性疾病患病风险、改善大学生健康状况，要围绕健康生活方式养成加强慢性病预防健康教育。

（4）强化突发公共卫生事件，尤其是传染病疫情健康教育

突发公共卫生事件往往会造成公众健康的严重损伤，其中传染病引起的公共卫生事件对民众的健康危害最大。本次新型冠状病毒肺炎疫情，各高校纷纷面向学生开展新型冠状病毒肺炎及其他重大传染病的健康教育工作，对疫情的控制起到了积极作用。传染病包括卷土重来的肺结核、与人类长期共存的流感，以集体生活为主的大学生一直是感染传染病的高危人群，将传染病健康教育常态化，加强大学生对传染病的认识，建立传染病离自己并不遥远的意识，尤其是可能引起公共卫生突发事件的传染病，始终应该是健康教育的重要内容。知晓传染病的传染源、传播途径等相关知识，掌握自我防护技能，理解并遵守疫情期间的法律与规定，既是保护自身，也是保护他人。

（5）倡导将中医养生项目纳入高校健康教育，注重提升大学生中医养生保健素养

要推动中医药进校园、进社区、进乡村、进家庭，将中医药基础知识纳入中小学传统文化、生理卫生课程，本次新型冠状病毒肺炎疫情，在缺乏特效药的情况下，中医药在疾病治疗中疗效显著，发挥了巨大作用。中医养生学蕴含丰富的生命与健康知识，中医哲学思想中的人文精神有助于培养学生的自然健康生命观念，将中医养生学知识和常用方法纳入学生日常保健服务，并重视提升大学生中医养生保健素养，必将为公民健康水平的提升做出突出贡献。

四、体育与健康的关系

（一）体育与健康教育的提出

自"健康中国"理念提出以后，教育部为全面贯彻落实十九大精神和"健康中国"理念，要求在全国各院校开展以"师生健康中国健康"为主题的健康教育活动，要求各学校要落实体育健康教育课程课时，加强学校优秀教师队伍

建设，并对学校体育健康教育制度加强管理。同时，课程标准也在随着社会的发展不断更新。除此之外，我国在青少年体育锻炼和发展方面都取得了较大的进步，有关青少年的体育项目广泛开展，涌现出更多的体育人才。由于传统教育思想的根深蒂固，学校、家长以及学生本人都不能深刻认识体育锻炼在青少年身体和心理发展过程中所起的作用，因此，提升国家体育基础教育水平是目前面临的严峻问题。根据国家相关数据统计，2020 年我国儿童青少年近视率为 53.6%，大学生近视率超过 90%，中小学肥胖率超过 10%，而大学生肥胖率则为 5.5%，学生身体健康都一直处于下降的态势，2020 年大学生体质健康不及格率达到 30%。在 2019 年青少年睡眠状况调查中，青少年睡眠时长低于 6 小时的占比高达 81.2%，2020 年青少年的平均睡眠时长为 7.8 小时，睡眠时长在 8 小时以上的只有 46.4%。

同时，在体育课新课程改革中，学生体质健康标准不断更新，但是新出台的课程标准相对于之前的课程标准越来越低。造成这种现象的主要原因是学生日益下降的身体素质，如果按照原来的检测标准去执行，体能不及格的学生将变得越来越多，这样也会打击学生上体育课的积极性，影响学生的心理健康，在今后青少年身体素质的培养中占有至关重要的位置，对高校教学资源进行优化配置，得到更多体育教学建设的良策，对今后高校进行体育教学改革具有一定的实践意义。

（二）体育与健康体育教学

与国外的"快乐体育""休闲体育"概念相比，"健康体育"范畴更全面、更教育化、更规范，内涵更深层次，持续时间更长，对学校体育课程改革影响更深远。健康始终是学校体育发展史的主线，体育与健康从早期开始就有着千丝万缕的联系：健康体育并不是简单的两者相加，而是健康和体育两大领域特征有机结合产生的一个独立的复合型新领域。"健康教育"应是一种广义的概念，不能仅追求身体健康这一单一目标，还要指导学生在保证安全的前提下，坚持体育锻炼，提高身心健康和社会适应性。

健康体育主要有健康性、整合性、发展性和全面性等特征。首先，以"健康第一"为指导思想，将健康作为体育教学的出发点和落脚点，从根本上改变了传统学校体育教学，突出健康性是健康体育的主要特征。其次，健康体育跨越体育与健康两大学科界限，打破传统体育封闭体系，实现体育与健康的交叉整合，具有高度的整合性。再次，健康作为人生追求的首要目标，健康体育具有长远的目标性和发展性，可见形成健康体育教学观念是体育教学的必然趋势。

最后，健康体育结合学生的生理和心理特点，采用多样化的教学方式，更能激发广大学生的积极性，缩小个体运动差异，促进全体学生全面发展。

高校健康体育教学是指通过传授相应的健身方法和自我健康诊断、检查、评价和实施，达到提高大学生基本运动能力以及促进全身心健康状态目的的一种体育教育方式。它是以学生个体为起点和归宿，与运动实践、环境、心理、防护、保健相结合的终身受益的教育活动。

体育与健康课程，是指有计划、有目的地指引学生进行体育锻炼和健康习惯的养成，并且运用一定手段去提升学生社会适应的能力和整体素质的"方法"。其中，课程中的"体育"包括两个层面：一是结合外界各种因素并以身体练习为基本手段，达到强壮体能、增进健康的一种社会活动；二是指在以学校环境为中心的体育教学过程中，学生在教师的指导下掌握体育基础知识和技能，养成自主锻炼意识，并提高体育活动能力和健康水平的教育活动。而健康不仅是身体没有疾病，而是指身体和心理以及社会适应等方面都处于完美的状态。

（三）高校体育与健康体育相辅相成

高校体育与健康体育是一个体系的两个子系统，两者相辅相成，互相促进。自 1995 年提出"学校教育要树立健康第一的指导思想，切实加强体育工作"的决定，近几十年健康理念对高校体育教学改革影响深远。如果高校体育教学改革缺乏健康体育理念的支持，就不能说是成功的改革。国家与学校应更进一步认识到健康体育对高校素质教育与体育教学改革的影响，更要把健康体育理念作为深化高校体育教学改革的重要内容，这一理念更是体育运动改革的根本改变。

1. 健康体育理念是高校体育教学改革的主线

"健康第一"要求教师与学生全面树立健康观，以健康为主线来改善、维护和增进学生的身心健康，并教授体育文化、技能和科学方法。教育行政部门在宏观层面利用健康体育观念进行指导，面对机遇、迎接挑战、结合实际、放眼未来，使健康教育逐渐规范化，是深化改革的利器。随着时代的发展和社会的进步，素质教育理念的普及促进高校体育教学改革，高校体育教学由注重培养运动技能转变为注重身体和心理等多方面的健康，由单纯的学校体育教学转变为社会化的体育教学。随着人类生活水平和精神文化层次的提高，更多人关注健康体育理念，对运动的本质和内涵的理解进一步深入，对体育运动的范畴有了正确的认识。这也使健康体育理念为高校体育教学改革指明了方向，是未来体育教学的中心内容，只有始终紧抓这条主线，才能开展与时俱进和意义深远的健康体育教学改革。

2. 健康体育理念为高校体育教学改革提供新鲜血液

目前的体育教学改革只是起到表面的、小的变动，由于长期受到传统体育观念的影响，改革始终处于被动、强制的状态，没有实质性地改变传统教学模式带来的局面，并没有对学生身心素质的改善起到根本作用。近年来，健康体育理念的兴起无疑成为催化剂，将健康体育作为体育教学改革的核心理念，让高校体育教学有从内而外、从量到质的巨大改变，促进学生身心素质的全面发展，培养学生积极主动参与体育活动的兴趣，让学生具有终身体育的理念，让体育教学改革具有新的活力。

3. 健康体育进一步拓宽体育教学目标

健康体育理念下的体育教学改革除身体教育外，还注重心理教育和社会适应能力，进一步拓宽教育目标。健康体育主张将学生的兴趣与技能、体能和心理有机结合起来，实现学校体育与社会体育的完美结合，从而达到终身体育观的社会效益。健康体育理念下的教育改革与传统改革最大的区别在于：能调节紧张的情绪，令人心情愉悦，在运动中促进心理健康，使健康与体育成为学生一生追求的兴趣。除上述两点外，慢慢让学生从学校集体生活融入社会中去。现代社会更需要具有较强社会适应能力和多元化知识的人才，学校不仅增加学生的体育知识，更应该增强学生社会适应的能力。健康体育形式下的体育教学使学生心理向良性方向发展，成为驱动人们终身受益的社会动力，增进团队合作中需要的交流协作能力、抗打击能力和自我调节能力。

第二节　影响大学生健康的因素

一、影响大学生体质健康的环境因素

（一）环境与健康的关系

环境与健康既是一个复杂的科学问题，也是一个全社会高度关注、极其敏感的社会问题，事关我国社会和谐稳定、国家治理和民族复兴。党的十八大以来，党和政府高度关注环境与健康工作，明确提出了加强环境与健康工作要求，开启了我国环境与健康管理制度化建设新时代。党的十九大报告指出，当前我国社会的主要矛盾是"人民日益增长的美好生活需要同不平衡不充分的发展之间的矛盾",同时也提出"我们要建设的社会主义现代化是人与自然和谐共生的现代化",反映了人们希望在享受更加现代化生活的同时,拥有更优美的生活环境、更健康的生活方式和更加强健的体魄,能够尽可能避免环境与健康威胁的愿望。

1. 健康环境有利于人类健康

良好的环境是生存的基础、健康的保障。环境的良好状态保证了人类的永续发展,具体体现在:①良好的环境有稳定的供给能力,为人类的肌体健康提供所必需的阳光、水、空气、食物和营养物质;②良好的环境可以保障人类的遗传健康,可以保证人体有更好的基因、更健康的体魄、更强大的免疫系统、更长的生命周期和更高的生命质量;③良好的环境有强大的健康守护能力,保持良好的生态多样性、物种多样性,维持生态系统稳定,为人类提供安全健康的永久栖身家园;④良好的环境有强大的自我修复能力,涵养水土、净化空气、蕴藏矿藏,为人类的健康发展提供物质基础;⑤良好的环境有丰富的健康精神养分,为人类文明繁衍提供持久的精神动力和积极创造力。

这些都表明健康的维持、疾病的发生与多种环境因素相关,而健康环境有利于人类健康水平提高、寿命延长和生活质量改善。

2. 不良环境威胁人类健康

工业革命开启了人类社会高速发展的大门,人类用智慧创造了科技突飞猛进的时代,但随之而来的环境公害事件造成的健康损害触目惊心,发人深思。尤其是在第二次工业革命以来,人类对大气、水体、土壤等的污染,对矿物资源的掠夺,对物种多样性的破坏等,使得全球变暖、酸雨、雾霾、水资源短缺、水土流失、垃圾围城等成为全球突出的环境问题。环境破坏、生态失衡等造成的环境"公害事件"成为人类发展过程中惨痛的教训。目前正在全球肆虐的"新型冠状病毒性肺炎"重大疫情严重威胁着人类的生命健康安全,为人类敲响了警钟——不能以牺牲生态环境为代价去谋求短期的经济增长。虽然人类社会的生存发展要依靠环境、改造环境,但是层出不穷的历史教训不断提醒着人们,以牺牲生态环境为代价的粗放发展模式必然对人类健康产生不良影响,从而制约甚至威胁人类自身的发展。环境污染是影响健康的重要因素,环境与健康安全不存在"零风险"状态。

3. 生态文明建设与健康促进

生态兴则文明兴,生态衰则文明衰。生态环境是人类生存和发展的根基。

改革开放以来，虽然我国经济建设取得举世瞩目的成就，但也积累了大量生态环境问题，成为制约经济社会发展和人民健康水平提升的明显短板。党的十九大以来，随着我国社会主要矛盾发生变化，人民群众对优美生态环境的需要成为这一矛盾的重要方面，广大人民群众对良好生态环境、健康身心状态、高质量生活水平的期盼与日俱增。因此，生态文明建设、美丽中国建设、健康中国建设等一系列重大战略实施，是党和政府贯彻落实习近平总书记生态文明建设思想，把生态文明建设摆在全局工作的突出地位，积极回应人民群众所想、所盼、所急的重大决策。

（二）环境因素内容

1. 社会发展环境

体育产业的发展，表明体育事业发展的宏观环境与我们生活之间存在密切联系，关系到社会整体包括青少年群体体育参与观念的转变、人们参与体育锻炼科学化水平以及体育公共服务产品供给有效性等内容。体育与健康自媒体知识共享平台，是我们社会当前发展阶段内容数字化、手段科技化与渠道多元化的一个缩影，在高校大学生获取体育与健康知识的渠道中，网络自媒体平台获取便捷化与形式多样化的特点更能迎合青少年的兴趣特征，其作用越发明显与重要。在社会体育参与观念的整体背景下，与体育工作者或运动爱好者的交流是体育与健康知识、运动技能与运动感受等内容的重要传递渠道，是体育技艺的交流，更是体育参与中情感共鸣的基础。而影响因素条目"以体育为主题的社会公益活动""运动数据的记录、互动穿戴科技设备""满足未来就业岗位要求"与"体育与医疗的融合发展"相对低于前者平均得分。

随着高校开放水平的不断提升，大学生获得更多机遇参与到社会公益活动之中，尤其是以体育为主题的社会公益活动，在提高学生综合能力的同时，也能够助其形成对体育技能、文化以及精神的深刻感悟。运动数据的记录、互动穿戴科技设备是"科技运动"的重要前提，运动信息的数字化、可视化与共享化为高校大学生参与体育运动的科学化和体育信息交流的便利化提供了绝佳条件，有利于体育参与观念的形成以及自觉参与体育运动行为的产生。满足未来就业岗位要求，社会竞争的存在与不断加强对高校大学生综合素养的要求日益提升，其中就包括健康素养，因此社会竞争环境也是大学生体育参与的潜在"动力"。体育与医疗的融合发展，人的健康是体育与医疗的共同目标，两者的融合发展具有广阔的前景与深远的意义。

2. 校园文化环境

高校开设体育与健康课程，表明体育相关课程在大学生群体体育与健康知识、技能以及信息的获取中具有重要地位，事实上作为高校一项必修课程，在促进学生终身体育观念的形成、体育锻炼习惯的养成以及体质健康状况的提升方面具有不可替代的作用。同时，在校园环境中，体育类社团活动的举办以及群体体育参与观念也对高校大学生体育参与行为具有重要作用。此外，高校所举办的"体育与卫生"健康知识讲座也是高校大学生体育与健康知识与技能的重要来源。

3. 家庭成长环境

在讨论一个人的成长时，家庭成长环境因素始终都会作为重要组成部分被充分讨论。高校大学生体质健康状况亦然，在家庭成长环境中，"家庭成员的生活方式""生活环境质量"与"个人体质健康水平"等在大学生意识中，家庭成长环境对于个人体育参与意识的影响会呈现在个人体质健康水平中。家庭成长环境对于大学生群体体育观念、行为的影响是全面且深远的。

4. 政策法规环境

政策法规作为国家顶层设计的具体表达，对一项事业的发展具有强烈的导向性与规制性。政策法规的供给、内容的合理性以及实施的落实关系到一项事业能否得到健康、有序、快速发展。政策法规环境维度影响因素条目统计表显示，"体育参与促进与保障政策""加强体育领域法制配套与落实"与"政府、学校对'体育干预身体健康'的宣传引导"条目均得到较高评分，表明政策法规的颁布与落实，对于高校大学生体育参与大环境具有不可忽视的导向作用，对于改善大学生体质健康状况，具有重要意义。

二、影响大学生健康素养的因素

习近平总书记指出，"青年是整个社会力量中最积极、最有生气的力量，国家的希望在青年，民族的未来在青年"。中华民族的伟大复兴与当代大学生的成长同频共振，维护环境与自身健康对于个人发展，对于家庭和社会发展至关重要。在建设"富强、民主、文明、和谐、美丽"的社会主义现代化强国战略中，科学技术是第一生产力，高端技术人才是引擎。大学生是中国环境与健康事业旧貌变新颜的蓝图绘者、是深入践行绿色发展理念和健康素养提升的实干者、是社会绿色文明知识的传播者，也是健康素养养分的滋养者和吸收者，更是每一个家庭环境与健康素养理念的教育者。大学生自觉掌握环境与健康知识，具备环境与健康问题的正确判断能力，培养尊崇自然、保护环境、维护健康的良好意识和文明健康的生活行为方式，提升环境与健康素养，努力成为德、智、体、美、劳全面发展的社会主义可靠接班人和合格建设者，对实现中华民族永续发展意义重大。

当代大学生生活在丰富的知识海洋中，获取信息的渠道多样，内容丰富，但是主动获取环境与健康素养知识的人并不多，主要途径仍然是家庭影响和学校教育。环境与健康素养的启蒙阶段是中小学开设的自然、地理、化学、生物等课程，总体来说知识点分散、不系统，而且在应试教育导向驱动下，学校、学生对于环境与健康素养知识的重视程度不够，内生动力不足，中考和高考中很少涉及环境与健康知识内容。学生进入大学学习阶段后，由于环境与健康知识并非国家教育部门和学校要求学习的必修内容，加之各种专业划分和专业教学任务冲击，大学生环境与健康基本理念、基本知识、基本技能并非随着进入大学而自然具备，大学生环境与健康素养水平普遍较低，即使在医学专业大学生中也不例外。影响大学生正确环境与健康观的形成因素也很多，根据已有的环境素养、健康素养研究来看，年龄、民族、户籍地、专业背景等都可以成为大学生素养水平的影响因素，掌握大学生的环境与健康素养水平及影响因素对于提高大学生环境与健康素养有着重要意义。

（一）大学学历因素

在大学生基本健康技能、健康认知、健康行为知识、健康操作技能、对待健康的基本态度、有关健康的科学知识和认知技能等影响大学生健康的因素中，高年级的学生会明显比低年级的学生更有优势。

这就说明年级的增长在基本认知、行为知识以及操作技能素养的提升上可能有一定的影响，高年级的学生在专业教育和通识教育中获取知识的时间更长，开展技能实践的机会更多，如参加暑期社会实践、劳动课等，在此过程中获得的知识内容更加丰富，观念更成熟。但是随着社会的进步和发展，环保理念和健康意识的普及，年级越低越具备尊重环境、增强环保的意识，因此在基本态度、科学知识和认知技能方面水平更高。

（二）性别因素

随着社会的不断进步与发展，世界多元文化的交融与影响，人们的思想与眼界不断被拓展，大学生性别角色不断受到关注，正在"全面化"发展，男生不仅可以拥有结实的肌肉、高远的理想与伟大的抱负，也可以具有更多的耐心与亲和力；女生不仅可以温柔、细腻，同时也可以拥有独立、坚韧与富有领导力的品质。大学生可以更好地面对飞速发展、充满竞争力的现代社会。独立、坚韧、具有亲和力的品质成为大学生的主要特质。这种情况下，大学生性别角色也会影响其健康素养。男生对于健康的认知水平和意识会明显高于女生，男生整体水平上高于女生可能是由于男生本身对健康信息的关注度高、获取信息更为积极、更具备实践和操作技能。

随着教育水平的不断提高与社会发展，女生对于自身的健康问题也越来越重视，对健康的评价也越来越正向，男生与女生之间已经无差异。男生与女生在外表评价上存在显著性差异，一个可能的原因是，伴随着信息技术迅速发展，在各种社交媒体平台上展现出的理想形体不断向女性传递着"以瘦为美"的信号，女生会希望自己可以拥有媒体中呈现出的模特身材并会对自己的身材越来越不满意，导致消极的外表评价。此外，与男生相比，女生对社交网站的使用普遍达到更高的程度，女生比男生更容易受到外界环境因素的影响，所以女生比男生更容易产生消极的外表评价；男生对外表的关注要显著低于女生，在体能评价与体能关注上，男生要显著高于女生，这表明在大学阶段，女生会将外表关注放在非常重要的位置，把更多的精力放在外表打扮上，而男生会比较重视体能，也会更多地从事运动相关的活动，但日常生活中男生对于外表的关注度和投入时间要比女生低很多，因此女生会有更高的外表关注，男生在体能评价与体能关注上也更加积极。基于此，高校应该加强身体意象方面的教育，并开发相关的课程，注重理论知识的有效性，提升大学生审美文化，使大学生在健康、外表和体能方面对自己有一个真实评价。辅导老师要有针对性地对学生进行引导，使大学生理智地对待个人缺陷，把这些缺陷转换为成长的动力，制定合适的目标，不断丰富内在，提升内在形象；同时在生活中，父母对儿女应多给予正向反馈，父母对于个人的外表及健康评价会对大学生的身体意象评价产生影响；父母应注意个人的价值观和行为态度对于子女的影响，积极塑造一个健康的身体观，为子女做出一个良好的表率，使其形成积极的身体意象；父母在与孩子共同接触媒体的过程中，要起到一定的调解作用，在接触理想的模特身材时，培养孩子利用批判性的眼光来正确看待，降低负面影响，扩大正面的作用，使孩子形成积极的身体意象。

（三）专业因素

在高校设置的各类专业中，理学、工学、农学类、医学类学科相对文史哲和艺术类对健康方面的关注表现较好，原因可能是健康涉及的知识内容与此类学科的学习内容相关，如环境污染可能导致的疾病种类、噪声污染、土壤污染等问题。涉及实验的学科，如化学、农学类、医药学等，在实验课程设置部分会涉及实验品处置、环境保护的教学内容。知识的关联可能会提高此类学科的学生对相关问题的关注。而文史哲和艺术类学生在专业教育方面接收此类信息的频次有限，专业关联度较低。

（四）地理和经济区域因素

地理区域和经济区域会对大学生健康水平有一定影响，在地理区域划分中的东北地区、西南地区、西北地区，经济区域划分中的东北地区和西北地区，均属于内陆经济发展水平较低的地域，在经济发展水平、基本设施配备、文化水平、教育投资、科学知识宣教方面水平欠佳。

为全面保障公民美好生活的需求，国家对新农村建设投入极大，尤其是在提高农村人口的生活质量和生存环境改善上，如加强对农村规划建设管理、禁止污水乱排乱放、厕所革命等，不仅从根本上改变了农村人口的生活环境现状，也对习惯养成和理念教育有很大的影响。农村生源对于健康通常认识不足，需要继续加强基础教育，从小养成良好习惯，并主动加强与健康相关的科学知识的教育。

总之，提升青年一代尤其是大学生的健康认知素养、健康意识理念和行为水平是提高全民健康教育水平的捷径，对全面提升社会主义现代化强国在公共卫生领域方面的治理水平，尤其是在知识的传播、创造和丰富上，在公民的理性认知、行为实践和舆论营造上，在社会的治理能力、应激反应和体系构建上都有着至关重要的作用，尤其是在习惯养成期和价值观形成期，更要提供肥沃土壤。基本健康知识素养是各类学生群体在环境卫生与健康素养教育中的共同短板，在基础教育阶段的加强有助于理念的树立和行为的规范。

在高等教育阶段，专业教育和通识教育对于大学生健康素养的提升有明显的效果，已在大学生中基本达成普遍共识，大学生对于健康课程开设的必要性表达持十分认可的态度。如果开设课程门类够多、涉及内容广泛，可以促使更多同学参与到学习中。如果再进一步丰富授课手段，比如增加一些实践和学科交叉的课程内容方式，可以大幅度提高参与学习的学生比例。

开展健康方面的调查研究可以提升大学生对于健康方面的关注度，在意识理念层面上提升大学生的自觉性、认可度，并拓宽大众的知识面，是良好的知识普及方式。通过应对新型冠状病毒肺炎疫情，我国迎来了新的社会需求、机遇和发展窗口期，在大学生群体中，甚至是全社会公民的心目中，全面提升健康素养可以提升人类应对公共卫生事件、传染病的水平和能力，要紧抓机遇，时不我待。同时，2020 年是全面建成小康社会的关键之年，提高人民的生活幸福指数不仅要在经济方面下功夫，更需要在与每个人息息相关的生命健康安全上下功夫，关注公民高质量的健康生活需求也迫在眉睫，尤其要在意识理念的树立、科学知识的宣教和行为规范的倡导上下功夫。

三、改善大学生健康状况的途径

（一）强化与落实高校大学生体质健康政策体系

1.统筹规划高校大学生体质健康政策体系

在顶层设计下，不同领域与行业之间政策利益诉求存在分歧、实施过程的不协调，甚至是相互掣肘会造成政策执行效果的大打折扣。因此，在进行社会建设顶层设计过程中，要对政策之间的协调配合关系予以充分考量，以实现资源最优配置与社会健康有序发展为核心诉求，为高校大学生体质健康相关政策的落实提供有利的社会环境。

同时，在不同政府部门间建立联动机制，明确责任与义务边界，防止互相推诿，加强政府与社会组织的有效合作，在多元化资源供给中保持社会凝聚力。此外，要注重对建立校园体育伤害事故规范化处理机制的引导，在不断提升校园安全水准的基础上，引入商业保险机制，淡化学校体育伤害事故中的责任风险，为校园体育政策的执行提供宽松环境。

2.建立与完善政策执行机制

高校大学生体质健康是全社会共同面对的问题，更应该通过整合社会各方力量为相关政策的落实创造便利，包括校园体育建设经费来源的多元化，打破政府一元负责态势，解决由于政策执行人员认识偏差导致的政策落实难问题，加强政策执行人员的业务素质，提高其对校园体育政策的认知水准，推动政策有效执行。

3.提升政策执行监督、监管水平

不断完善政策执行水平考核机制，通过公示制度实现政策执行效果透明化，接受社会的监督，或引入第三方社会监管平台，避免政策的执行蒙蔽于围绕"利益"所建立的共生关系。同时，对于政策执行，要在权责分明的基础上，引入奖惩机制，赏罚有规，提升政策执行动力。

（二）改善与优化家庭成长环境——倡导健康生活方式

家庭成员尤其是父母对于下一代的影响是其他人不能比拟的，为使大学生

群体具有正确积极的体育参与观念，父母要有意识地在学生青少年阶段通过积极的生活环境进行引导。首先，父母要具有正确的教育观念，主动淡化应试教育对于青少年成长的不良冲击，培养以"兴趣"为导向的体育参与观念，因势利导，更有益于学生的全面可持续发展。其次，父母应认识到言传身教所具有的积极意义，认识到家庭氛围对青少年运动兴趣的培养和运动习惯的养成至关重要，所以家长应时刻维护好自己的榜样身份，培养自己参与体育锻炼的行为习惯，并努力创造共同参与体育运动的机会，在合作与竞争中引导兴趣的建立、运动技能的形成以及体育与卫生知识的获取，促进学生身体、心理与道德的全面发展。此外，家长应注重参与到学生校园成长环境中，对学校促进学生全面发展的政策予以充分配合，了解学生的真实需要，真正全面参与到学生的成长之中。

（三）不断丰富校园体育文化内涵

学校作为大学生群体生活、学习的主要环境，对于学生体质健康状况的影响是至关重要的。要在学校领导、教师以及学生充分认知体育参与价值的前提下，不断营造良好的校园体育文化氛围。首先，要根据学生群体的实际需要以及物质资源现实，对体育与健康课程进行灵活安排，在一定范围内充分体现自主性与创新性，避免拘泥一格，才能更为契合大学生群体追求个性与创新的成长阶段特征。其次，学校要对体育类社团的发展予以充分支持，作为学生自治性团体组织，体育类社团往往能够在社团培训、活动举办以及对外交流过程中巩固体育运动技能、获取更多的体育与健康知识，吸引更多的人参与其中。最后，要不断创新体育与健康知识扩散渠道，在不断增加相关知识讲座的同时，充分利用校园数字平台、自媒体等渠道，提高体育与健康知识获取通道密度，让广大学生在有形与无形之中，加深对相关知识的获取与运用。

（四）持续改善社会发展环境

社会发展环境对某一个领域的发展具有深远且无形的影响，改善高校大学生体质健康状况，持续优化社会发展环境是不可避免的。首先，要充分利用互联网自媒体平台信息传输快、受众面广的特点，加强对参与体育锻炼的宣传，无限扩大人们接触体育运动相关信息的概率，推动广大民众体育参与意识的转变，形成全民体育的社会风气。其次，要在现有的关注度水平上，加强投入，包括对体育事业整体发展的投入、对全民健身领域的投入、对竞技运动领域的投入、对校园体育的投入等，营造全社会给予体育事业发展充分支持与关注的社会氛围。大力支持体育产业发展，支持体育与医疗的融合发展，打造"体育+"功能新品牌。

（五）构建课内外一体化体育课程教学模式

传统体育课程以课内体育教学为主，很少顾及大学生课外体育锻炼情况，导致大学生课外体育活动参与度较低且不知如何进行课外体育锻炼，致使大学生在修完体育课程学分之后出现体育参与度降低、身体素质下滑的情况。课内外一体化体育教学模式具有增加学生锻炼时间、丰富学生课余生活、开展形式灵活多样等特点，对改善学生体质健康状况具有积极作用。

构建课内外一体化体育课程教学模式，首先，要完善体育教学评价体系，将课外体育锻炼参与情况纳入体育课程评价。学生在课外锻炼时，老师通过手机进行监督管理，并安排体育委员对课外运动情况进行监督，及时与教师沟通课外活动中出现的问题。鼓励学生参加各种体育活动，在校内参与体育活动即可获得相应体育课程加分，获得优异成绩者可获得额外奖励。通过完善体育教学评价体系，使课内外体育活动具有同样的重要性，并最终决定学生体育课成绩的评定。通过体育课程考核机制的约束使学生更加重视课外体育活动，提高参与课外体育活动的积极性。其次，积极引进新型运动项目，丰富校园体育活动形式，提高学生参与度。因地制宜，引进适合青少年成长发育的新兴体育项目，并结合自身传统优势体育项目，共同推动校园体育文化建设。最终使学生养成终身体育的意识，达到增强体质健康的目的。

第三节 体育运动与营养、卫生保健

一、营养生理需要

人的机体要保持健康状态就要达到应有的发育水平，才能充分发挥各项机体应有的效率，才能保障人体完成各项生活和劳动所需要的热能和营养素，这就是人的营养生理需要。营养生理需要量是人体维持适宜营养状况的最低摄入需要量，是人体在一定时期内必须摄入的营养素，这样才能使人体始终维持健康状态。营养生理需要量分为以下两种。

①基础需要量，这是保证机体能够正常生长的需要量。达不到这种需要量就会造成营养的缺乏。因此这种需要量的营养在人体内是必须要储备的，可以通过合理膳食来满足人体基础营养生理需要。

②储备需要量，在短期的营养缺乏或疾病导致的过多消耗等条件下，人体组织系统中要储存一定数量的某种营养素，可以用来满足人体的基本需要，以避免造成功能损害。

二、膳食营养对体能的影响

膳食营养与体育运动是维持和促进健康的两个重要条件。在青少年的体育活动中，因各个项目对体能的需要不同，对膳食营养的需求也不同。

（一）速度性运动

这种运动的代谢特点是能量代谢率高，而能量主要来源于糖原。因此，膳食中应含有较多易吸收的碳水化合物、维生素 B 和维生素 C。为了满足肌肉和神经代谢的需要，还应食用含较多蛋白质和磷的食物。蛋白质的供给量最好在 3.6g/kg（体重）以上，优质蛋白质的比例至少在 1/3 以上。为了增加体内碱储备，应吃蔬菜水果等碱性食物，其供给的热量最好占到 15% ~ 20%。

（二）耐力性运动

这种运动项目的特点有训练持续时间长，物质代谢以有氧化为主，运动中能量消耗量大等。膳食应提供充足的热量，多餐对提高运动能力有利。但是，加餐用的食物应考虑平衡营养及营养密度。饮食应提供足够的蛋白质及含钾硫氨酸的食品。

（三）力量性运动

这种运动需要肌肉有较大的力量和神经肌肉协调性，并且要在极短的时间内爆发力量。食物应供给丰富的蛋白质，蛋白质的供给量应达到 2.2g/kg（体重），其中优质蛋白质至少占 1/3。体内应有充足的碱储备，食物应含有丰富的碳水化合物、维生素和无机盐。此外，食物中还应含有丰富的钾、钠、钙、镁等电解质，蔬菜和水果供热能占 15%。

（四）灵巧性运动

这种运动的能量消耗不高，食物应提供充足的蛋白质、B 族维生素、钙和磷等营养物质。蛋白质的供应量应占总热量的 12% ~ 15%，减轻体重期的蛋白质供给量应增加为总热量的 15% ~ 20%。维生素 B 供给量应达到每日 4mg，维生素 C 应达到每日 140mg，还应保证充足的维生素 A，每日供给量应达到 6000 ~ 8000μ，其中，多数应来自动物性食物。

三、体育运动与卫生保健

对于体育运动中的训练相关知识、运动卫生保健知识的了解和研究，也有利于体育运动的开展。在运动中要了解有效预防身体损伤、损伤恢复、合理的营养膳食搭配、有效的保持身体健康的方法。因此，需要有运动营养搭配方面的知识、体育常识、人体结构相关知识、人体运动生理反应的相关知识、体育发展史的相关知识等多样化的学习需求。

体育运动与卫生保健是体育锻炼中的两个方面，体育卫生能够预防卫生保健中出现的问题，卫生保健也能够保证体育运动正常开展。了解并研究运动卫生的基本内容，才能有效保护体育参与者的身体健康。

（一）个人卫生

这是体育卫生的重要组成部分，体育运动参加者的个人卫生状况，不仅对增进人体健康和预防疾病具有重要意义，还能促进身体锻炼的效能、预防伤害事故。要建立科学的生活制度，养成良好的饮食卫生习惯，科学地安排工作（学习）和休息时间，坚持参加体育锻炼，保护好皮肤，保护视力、预防近视，克服不良的生活嗜好。

（二）精神卫生

精神卫生也称心理卫生。人体并不是孤立的、不受外界影响的生物有机体，而是不断与自然环境相互作用的精神和肉体的复合体。大量的医学实验和临床研究证明，心理因素与社会因素，以及遗传、生化、免疫等因素一样，在疾病的发生、发展、治疗和预防上，都具有一定的作用。异常激烈的情绪变化、过分的忧郁都可能引起人体某些器官活动失调。

（三）运动卫生

（1）运动饮食卫生。平衡膳食、合理补充营养；坚持科学的运动饮食卫生习惯，合理安排一日三餐。

（2）运动饮水卫生。运动中或运动后提倡少量、多次饮水。为了维持机体正常的循环，调节体温，运动前后应该合理补充水分。

（3）运动着装卫生。运动衣和运动鞋具有透气性、吸湿性等性能，着装要轻便、舒适、美观、大方，运动服要勤换勤洗，运动鞋应具有一定的弹性和透气性。

（4）运动环境卫生。室外运动一定要选择在空气质量好、绿化充分、环境幽雅的场地进行；室内运动要注意打开窗口通风；注意光线、噪声等影响运动环境的因素；重视运动场地卫生。

第四节　体育活动与社会适应

一、现代社会的特征

现代社会是一个社会生产力迅速发展、生产方式发生巨大变革的社会。现代科学技术使生产朝着机械化、电气化、自动化、智能化的方向发展；人们的体力劳动逐渐被现代化的技术装置所代替，脑力劳动在生产活动中所占比重增大；人们的闲暇时间大大增加，消费水平大幅度提高，消费结构发生重大改变。同时，都市化和城镇化使日常生活的现代化、智能化程度大大提高，生活节奏加快，交通拥挤，人口密集造成空气、环境污染严重。另外，由于科学技术的日新月异，人类社会已经进入知识大爆炸的时代。面对复杂庞大的网络信息、日趋激烈的生存竞争，人们在拓宽生活空间、寻求自我发展之际，要充分展现个性和才华，以达到实现自我并不断超越自我的目的，而这也使人们普遍感到工作和生活节奏快、负担重、心理压力大。

综上所述，现代社会生活的特征包括压力大、节奏快、精神紧张、污染增加、消费水平和结构发生变化等。

二、现代社会对人的适应能力的要求

现代社会的特征决定了生活在现代社会中的人必须具备良好的社会适应能力。人的社会适应能力表现为正确的价值观念，合理的竞争意识和竞争能力，合作精神与能力，良好的人际关系，民主、平等和参与意识，积极向上的个性特征，崇拜知识和追求先进文化，丰富的情感生活等。作为21世纪的青年学生，拥有正确的价值观、人生观、世界观及健康的情感和生活方式，具备良好的竞争、合作意识和积极参与社会生活的意识，不断提高自身的学习、创造能力，与时代共同发展，才能更好地适应社会。

三、体育活动对社会适应能力的影响

（一）培养正确价值观

体育活动有着统一的规则要求，各个运动项目有严格的技术分类、锻炼原则和裁判规则。因此，参加体育运动能够规范人们的行为，使人们在潜移默化中形成公平竞争、遵纪守法的价值取向。

（二）培养竞争意识

在任何一项体育活动中，竞争都是不可避免的。运动员要在统一的规则与要求下进行公平竞争，完全凭实力分出高低胜负。所以，参加体育运动能够培养人们吃苦耐劳、勇于拼搏的精神和不断提高身体技能、心理水平和把握机遇的能力，从而形成良好的竞争意识和手段。

（三）培养合作精神

随着社会的发展，社会分工的精细化与合作程度日益提高，每一个现代人都必须具备合作精神与能力。体育活动有明显的群体性，这就要求参加运动的人们，尤其是参加团体运动项目的人们，团结一致，齐心协力，共同拼搏。所以，经常参加体育活动能够培养人们的合作精神，提高相互间的合作能力。

（四）提高人际交往能力

任何一个体育运动项目，都有其规定的技术动作和运动要求，都存在对技术动作的纠正和完善，参与者在学习和练习过程中，都需要讲解与示范。无论是自我纠正与完善，还是互相纠正与完善，都需要相互配合和主动沟通，特别是在集体项目中，个体能否在完成自身任务的同时，还能够积极与同伴相互协助配合，对竞争的输赢关系重大，这也要求队员之间必须有良好的配合。所以，经常参加体育活动，能提高个体的沟通和交际能力，促进良好人际关系的形成。

第三章　体育锻炼与身心健康发展

大学生身体健康和心理健康教育对大学生的身心发展有着重要意义，大学生的身心健康问题越来越受到人们的重视。本章分为体育锻炼对身体健康的促进，体育锻炼对心理健康的促进，体育锻炼对社会主义核心价值观的促进三个部分。主要内容包括体育锻炼能够促进肌肉骨骼、心血管系统等的健康发展，影响大学生心理健康的因素、体育锻炼在促进大学生心理健康方面的作用，体育锻炼在激励当代大学生的民族精神和爱国激情、增强当代大学生社会责任感和使命意识、健全当代大学生的人格品质、弘扬当代大学生的中华体育精神等。

第一节　体育锻炼对身体健康的促进

一、促进肌肉骨骼的健康发展

（一）体育锻炼能使肌肉发达有力

青年期是肌肉纤维增粗、肌肉力量增大的时期。有关研究表明，18 岁时的身体指标均值是肌肉的增长率占体重的 44%；男青年握力为 44kg，女青年握力为 32kg；男青年背力为 125kg，女青年背力为 85kg。男青年的肌力发展到 30 岁才达到高峰，所以在青年时期要加强肌肉力量的锻炼，对身体的发展极其有意义。

人体在安静状态时，每立方毫米肌肉内开放的毛细血管约有 80 条，肌肉中能源物质的含量也较少。而当肌肉受到较大负荷运动的刺激后，每立方毫米肌肉内开放的毛细血管可增至 2000～3000 条。因而血流量大增，使肌肉血液供应充足，新陈代谢旺盛。此外，在体育锻炼过程中，机体产生一系列的生化反应，肌肉中的水分减少，蛋白质、肌糖原等物质增多，这就使肌肉能得到更充足的营养物质供应，从而使肌纤维变粗，肌肉体积增大，力量增强。

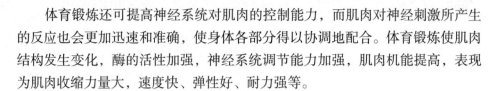

体育锻炼还可提高神经系统对肌肉的控制能力，而肌肉对神经刺激所产生的反应也会更加迅速和准确，使身体各部分得以协调地配合。体育锻炼使肌肉结构发生变化，酶的活性加强，神经系统调节能力加强，肌肉机能提高，表现为肌肉收缩力量大，速度快、弹性好、耐力强等。

（二）促进骨骼生长发育

经常参加体育锻炼可以促进血液循环，加强新陈代谢，使骨骼的结构及性能发生变化，表现为骨密质增厚，骨变粗；由于受到肌肉的牵拉和外力的作用，骨小梁的排列更加规则有序，增强了骨的坚固性。韧带在骨骼上的附着部位、结节、粗隆和其他突起，也变得更粗糙明显，这有利于肌肉、韧带更牢固地附着在上面。

青年初期，骨骼生长较快，经常进行体育锻炼，不仅使骨变粗，还可以刺激骨骼生长，骨骼的生长是不断骨化的过程。体育锻炼促进了骨股头之间的摩擦，可以促进骨骼的生长，提高了骨骼的抗压力量和坚固性。

二、改善呼吸系统功能

（一）增强呼吸肌的力量

人体在安静状态下，吸气时膈肌收缩而下降，肋间外肌收缩上提肋骨，使胸廓扩大，胸腔内的负压增加，空气经呼吸道进入肺内；呼气时，膈肌松弛而上升，肋间外肌舒张，肋骨下降，使胸廓缩小，负压减少，将肺内气体经呼吸道排出体外。一般人的呼吸差仅为 5 ~ 7cm，而经常参加体育锻炼的人则可达到 7 ~ 11cm。胸腔扩大，肺内容纳的空气就增多。因此，经常参加体育锻炼能增强呼吸肌的力量和耐久力，从而提高呼吸系统的功能。

（二）体育锻炼对肺活量的影响

经常参加体育锻炼，肌体对氧气的需求量增加，促使呼吸器官的工作量大大增强，呼吸肌必须更加有力地收缩，使更多的肺小泡张开，才能扩大肺通气量，保证人体运动的需要。

经常参加体育锻炼，能使通气量提高，每分钟可达 3000 ~ 5000ml；氧利用率提高，从正常人安静时的 25% 提高到剧烈活动时的 65%。体育锻炼时剧烈运动使足部血流量增加 3 倍，毛细血管与细胞间氧分压增加更多，氧供应率比安静时高出 9 倍，氧利用率可接近 100%。

三、促进心血管系统的健康发展

（一）对心脏结构和功能的影响

经常参加体育锻炼，会使心脏的容量和直径增大，重量增加。一般人心脏重量约300g，而运动员的心脏重量约400～500g；一般人的心脏容量约为765～785ml，运动员的心脏容量约为1015～1027ml。这是因为运动时全身血液循环加快，从心脏输出的血流量大大增加，与此同时，流入冠状动脉的血液量也比安静时增加4～5倍以上。因此，在体育锻炼时，心肌纤维能获得比平时多得多的氧气和养料，致使心肌越来越粗壮，心脏容积增大，心脏重量增加。心脏在成年后搏击量随年龄的增长以每年1％的速度下降，主动脉内膜40岁以上厚达0.25mm，50岁后继续增厚，容易产生高血压和直立性低血压。

体育锻炼对提高心脏机能、维持心脏工作能力有很大的作用。特别是耐力训练对提高心脏工作效率的作用最为明显。

（二）对血管的影响

在体育锻炼时，肌肉有节奏地收缩和放松，呼吸较深，胸内负压较大，这些因素都能加快静脉回流。经常参加体育锻炼能使血管弹性增强，减少血流阻力，提高血流量，有利于血液循环，故血压能保持在正常值范围内。

四、提高神经系统的工作能力

体育锻炼能使心脏的血液输出量增加，使肺活量增大，增强心脏的机能，提高肺部的工作能力，从而使身体获得更大的氧气储备能力。这样，大脑组织就能得到充足的氧气、葡萄糖及其他营养物质，从而保证了大脑的健康，并提高了大脑的工作效率。

体育锻炼时，主管肌肉活动的神经细胞处于兴奋状态。当大脑皮层兴奋活动了一定时间后，就会产生疲劳。疲劳是由体内能源物质耗竭而引起的，如长时间的学习、工作后，就会感到头昏脑涨，注意力分散，思维变得迟钝。这是大脑兴奋过程减弱，抑制过程加强的表现。在体育活动时，对肌肉的刺激使大脑皮层运动中枢的神经细胞兴奋，可以因"负诱导"的作用，加强已经疲劳的神经细胞的抑制活动，以尽快消除疲劳。另外，参加体育活动，促使心搏加强，血液循环加快，静脉血液回流增多，在单位时间内输入大脑的血量增多，脑神经细胞就能得到更充足的氧气和养料供给，并能将代谢产物迅速运出，使脑神经细胞的疲劳得到消除。

经常参加体育锻炼的人，其神经系统对外界环境刺激的反应更快、更精确，可使神经过程的强度、灵活性与均衡性得到改善和提高，分析综合能力及协调反应能力得到增强；还可提高神经细胞抗疲劳的能力，从而有助于神经系统及全身器官组织功能的改善和提高。这样，学习、工作时大脑清醒，思维敏捷，其效率就更高。

五、改善消化系统功能

参加体育锻炼可以加强体内的代谢活动，增加能量消耗。有研究表明，如以每分钟 130 步的速度慢跑，其能量消耗是平时的 5 ~ 6 倍。能量消耗的增加，就需要消化器官加强活动，以便更好地吸取食物的养料，满足机体的需要。由于体育锻炼可使大脑皮层神经系统功能得到改善，消化系统在神经和体液的调节下，消化器官的物理性消化和化学性消化功能加强。如消化腺分泌的消化液增多，消化管道蠕动加强等，这促进了对食物的消化和吸收。此外，由于体育锻炼使呼吸活动加强，横膈肌和腹肌的活动范围也相应增大，加强了对肝脏和胃肠的按摩作用，因而有利于消化、吸收和排泄等功能的加强。所以，体育锻炼对消化器官系统功能的增强是具良好作用。

第二节　体育锻炼对心理健康的促进

一、影响大学生心理健康的因素

（一）特殊性和心理冲突

很多学生都是家中的独生子女，随着社会经济的发展，人们生活水平日益提高，很多家长会过分溺爱孩子，使孩子养成了对父母依赖的习惯，同时，还会让大学生在生活中出现意志力薄弱、自理能力差、以自我为中心等问题。

进入高校后，大学生活不同于高中生活，角色和环境发生了变化，容易引起心理冲突。大学生活需要学生自己去安排，自己去解决人际关系问题，对于学习或生活中的各种问题，一旦他们无法面对，就会产生失落、自卑等情绪，导致心理健康问题。

（二）人际关系不良和学习压力大

在新时期，学校对学生的学习要求越来越严格，如果学生有几门课程挂科，他们则可能会面临退学或是拿不到学位的危险，这就会给学生带来极大的压力。

在这个过程中，有一部分学生很认真、很用心地学习，但由于学习方式不当和其他原因，其成绩不理想，最终产生了焦虑、失落等情绪。另外，很多学生还存在人际关系不良的情况，研究发现，这部分学生主要以独生子女为主，他们不屑于与其他人进行交流，也缺乏交流的能力。让学生学会与各种人交往，积极走向社会，是高校的教学目标，倘若学生人际关系不良，其学习情绪会受到影响，最终引发心理问题。

（三）高校心理健康课程的教学效果

影响大学生心理健康课程教学效果的因素有四，分别为教师、学生、课程、环境。教师方面涉及教师的个人特征、教学态度、教学方法和教学内容；学生方面涉及学生是否有现实困惑、对课程内容的兴趣、成绩的获得、课堂互动、课后反思以及与其他事相比的重要程度；课程方面涉及课时长短和教学管理两方面的内容；环境方面涉及班级人数和同伴行为等。

其中，授课教师优良的个人特征、认真的教学态度、合适的教学方法以及在教学内容选择上与学生现实生活相关能够促进教学效果。而空泛、老生常谈的教学内容则对教学效果有不好的影响。学生方面，对这门课程的态度是影响教学效果的重要因素。当学生有现实困惑或者对教学内容有兴趣时会促进教学效果。课堂互动可以提高学生的参与感，加强对学习的投入进而提高教学效果。由此同时，学生的课后反思会增强对教学内容的理解。反之，对课堂的低积极性则会对教学效果产生不利影响。课程方面，较短的课程设置和较为宽松的教学管理不利于促进教学效果。环境方面，大班教学和同伴的干扰行为都是干扰教学效果的因素，而同伴的认真发言则会在一定程度上引起学生的注意和思考，提高课堂参与率。

1.教师方面

（1）个人特征

①语音语调。课程内容主要是通过老师的声音传授给学生的，有的老师讲话抑扬顿挫，突出重点，更容易抓住学生的注意力。而语言没有感情色彩，语速过快或者过慢都不太适宜。

②亲和力。教师本人的亲和力也能拉近教师与学生之间的距离，有利于师生关系的发展与维护。教师表现出来的平和让人觉得很舒服，学生就会希望在课上能与他做一些交流与互动。

③幽默。幽默风趣的教师更容易使课堂氛围轻松，使学生能在身心比较愉悦的状态下学习，抓住学生注意力的同时，将知识点灌输给他们。学生对心理

健康教师的正性评价主要集中在教师上课幽默风趣、认真负责这两个方面。正如一个学生所说"心理健康本来就是从轻松中来的"，幽默的教师更容易使学生的印象深刻。

④积极乐观。教师本人积极乐观的情绪会传递给学生，让学生感觉到，从而吸取到正能量。积极乐观也是心理健康的一种外在表现，这一点并不是通过心理健康教师口述给学生，教他们保持积极乐观的心态，而是教师在课堂当中的言语和行为，被学生看在了眼里，从而更真切地感受到积极乐观的力量。

⑤真诚。教师真诚地对待学生，学生能够在课堂中感受到。真诚能够拉近教师和学生的距离，作为回馈，学生也会更加认真去倾听。另外，在心理健康教育课上，学生认为教师很真诚，愿意教给他们自己所知道的东西，也知道教师所讲是真的对他们有好处，因此，也更愿意认真听课。同时，学生受到高水平的理解和关注，真诚地对待，他们学得更好，行为表现也更好。所以教师的真诚对教学效果有正向的影响。

（2）教学态度

①课前认真备课。心理健康教师认真备课的行为会被学生评价是"非常认真负责的老师"。学生认为，教师充分的课前准备能够使课程内容更丰富，更适合他们学习。另外，教师的课前准备工作会被学生看在眼里，学生会珍惜教师的劳动成果而选择认真听课。

②课中认真讲解。认真讲解的教师会使学生更好地把握知识点。不同教师的教学态度不同，会产生不同的教学效果。以看电影为例，有的教师会在电影中途暂停，穿插讲解，帮助学生更好地理解重点。但有的教师只负责把电影放给学生看，而无任何讲解。

（3）教学方法

教学方法大致可以分为三种，分别为讲授法、视频法以及体验法。体育教学中大多数授课老师都是以课堂讲授法为主，夹带使用视频教学法。小部分老师采用纯视频教学法，即所有的心理健康都用来看视频。只有极少一部分老师采取活动体验的方式来开展课堂活动。对于学生来说，什么样的教学方式最让他们接受、能够吸引他们，对于这门课的教学效果来说是很重要的。

①案例演示。以案例或者个人经历的形式讲授内容更容易掌握。教师在课堂上灵活运用案例教学能提升学生的思维能力、言语表达能力、人际交往能力和团队合作能力。心理健康教育课的教师根据教学主题选择合适的案例，引导学生从不同的视角来理解和感受案例中的人物和事件，加深学生对心理健康知识的理解，促使他们反思，将心理健康知识予以内化和应用。

②播放视频。学生对视频的印象更深刻。

③开展主题活动。教师通过开展与课堂主题相关的活动，调动学生的积极性，让学生在活动中获得感悟与体验。这种教学方法相对于传统的知识型授课法更容易提高学生的课堂参与度。

（4）教学内容

①老生常谈，内容空泛。大学生心理健康教育课的教育对象是大学生，这一群体有着轻理论、重实践，轻规范、重个性，轻方法、重表现，轻理性、重感性这样的特点。学生认为心理健康课上有些内容太过于宽泛或者空虚，这些知识即使听了也只能停留在表面，并不能给学生带来很深刻的印象。

②内容有正能量。大学生对自己的要求较高，当心理健康教育课的内容有助于他们发展的时候，他们更容易对这一部分的内容感兴趣。

③与自己现实生活相关。大多数学生对心理健康教育课是有所期待的。这就说明他们或多或少有一些困惑，例如，自我认知、寝室关系、恋爱心理，这些与他们正在面临的事情相关的内容正是他们感兴趣的课堂内容。

2. 学生方面

大部分学生在上课之前对心理健康教育课是有所期待的。希望通过学习这门课程增加对心理健康知识的了解，能够帮助他们解决一些心理困惑，帮助他们身心愉快地成长，在更好的状态下学习和生活。对他们而言，最常见的问题有大学适应、人际关系等。在这一前提下，大学生心理健康教育课的开设与学生的实际需要相对应。也有部分学生表示对这门课程并没有太大的期待。

（1）是否有现实困惑

对有现实困惑的学生来说，学生会采取较为积极的学习行为。反之则学习动机不高。有的学生是带着心理困惑来上这门课程的，希望这门课程能够为其提供一些帮助。有的学生可能心理上并没有太大的困惑，但是课程的内容对自己大有裨益。还有的学生则认为这门课本身就可以起到放松身心的作用。

当学生认为自己并没有什么心理问题，且对所讲内容没什么兴趣的时候，便不会在课堂上认真听课。再加上这门课程通常并没有专业课那么重要。

（2）对教学内容的兴趣

同样一部关于抑郁症病人的电影，有的同学认为电影描述得很平常，太过于生活化了，显得不太好看。有的同学却觉得这部电影选得非常合适，能够从电影中获得较大的启发。这与学生自身的兴趣点有关，兴趣会直接影响学生的学习动机，进而影响学生的学习行为。

（3）能否获得学分

一部分学生认为为了完成作业、考试等考核任务，自己会更加关注课堂所讲内容。这也体现出心理健康教育课和其他课的不同之处，如果没有任何学习任务，也会影响教学效果。

（4）课后反思

即使在同一课堂下，不同的学生也会有不同的感受与收获，除了与他们的课堂投入程度有关，还与他们课后的自我反思有关。有的学生可能听了课，只是停留在听的方面，并没有把听到的内容与自己以往的经历联系起来。在这种情况下，学生的课堂收获肯定不及有过课后反思的同学。

（5）与其他事相比的重要程度

大学课堂不比高中，高中学习任务紧，学生在课上必须跟着老师的步伐走。到了大学，学生的自主性更强。对于心理健康教育课而言，老师本来要求也不高，最终的成绩不会影响他们的平均成绩点。有的学生会选择在课上做他们认为更重要、更紧急的事情。这也与学生个人对这节课的态度有关，尤其是那些认为自己不需要接受心理健康教育的同学，更容易选择不参与学习。

3. 课程方面

高校的心理健康教育课为大一新生必修素质课。课时的长短决定了课程内容的广度与深度。有的学生表示很喜欢他选的课，上完了还觉得意犹未尽。高校和老师都对这门课程的要求不高，只要去了就有成绩，可以获得学分。尤其是一学期的课上完了也没有考试，有的学生认为没有考试就像在"走过场"一样，强制来听了四节课就结课了，没有考核，使得学生学习的积极性也不高。

4. 环境方面

（1）课堂大、学生多

由于学生人数多，教学资源紧张。一般情况下，一节心理健康教育课上有二百多个学生，而老师只有一个人，无法兼顾到每一个学生。如果选择坐在后面，一般是没有办法听清楚老师在讲什么的，即使自己特别想听，后面的环境也很不好。另外，由于心理健康教育课的性质，其所涉及的情感感受型的内容会比其他课程多一些。在大容量的教室里，老师不能对所有同学都有情感回应，只能更多地以知识讲授为主。所以这一环境也限定了心理健康教育课授课老师的发挥。

（2）同伴行为

愿意认真学习这门课程的学生一般会选择坐在教室前排。一般自愿选择坐在后面的学生对这门课程的积极性比较低，有的会选择做自己的事情，尽量不违反课堂纪律，不干扰到其他同学学习。而有的同学则会交头接耳，尤其是结伴选了同一节课的学生们。在同一班级中，其他同学的行为对教学效果的影响来自三个方面。

①干扰行为。有的学生不仅上课不听课，还会做出一些违反课堂纪律的事情。如上课唱歌、玩游戏。这些行为显然会影响他人的学习。想要认真学习这门课程的同学在听到这些与课堂无关的东西时，会产生厌烦的情绪，认为这是不尊重老师的表现。他们表示即使不愿意听课，也不能在课上干扰他人的学习。毕竟这也是一门课程，老师也是认真准备了的，应该值得尊重。在课上做这些事情是不合理的。

②不听课。有的学生在课上不听课，选择做其他的事情，即使没有发出噪声，也会对学生造成一定的心理压力，尤其是当周围人都没有听课的时候。想要听课的学生可能会产生从众压力，从而影响其学习投入。

③课上发言。其他同学的课上发言有时候比老师单纯的讲授更容易吸引学生的注意力。他们作为同龄人，发言的内容与自身情况更加相似，分享自己的经历以及所思所想，也能够促使其他学生思考，提高他们的学习成效。另外，学生能主动举手发言，这也是一种与老师的互动，可以调节课堂氛围，而不是自始至终一直是老师一个人在讲，这样也可以增加学生的参与感。

二、体育锻炼在促进大学生心理健康方面的作用

（一）有利于认识自我——构建良好的人际关系

众所周知，良好的人际关系将直接影响一个人的精神状态、心情、做事的动力，反之，则会让人郁郁寡欢、无精打采。在体育锻炼中，人与人之间的配合和交流是非常多的，这会极大地促进学生交往能力的提升，同时也有效地延伸了学生的人际交往平台。学生在各项体育锻炼活动中，与同学相互交流、沟通、相互帮助、相互学习、相互影响，不同群体之间进行交流、交往，会让学生的交往渠道得以拓宽，眼界得以开阔，同时还大大增加了沟通的机会，让学生更好地构建和谐的人际关系。由此可见，体育锻炼对学生正确认识自我、构建良好的人际关系有很好的效益。

（二）有利于改善情绪——产生良好的情绪状态

实践证明，稳定、健康的情绪有助于人对生活保持积极向上的状态，积

极主动地投入学习和工作中。而体育锻炼能为学生各种不良情绪提供一个发泄口，特别是学生遇到困难或是挫折后产生的冲动和负面情绪都可通过体育锻炼转移，同时通过体育锻炼进一步消除各种轻微情绪障碍，让一些心理疾病得到缓解。有效的体育锻炼会适当激活人的神经系统，使人感到愉快；适度负荷的体育锻炼会让人产生一种舒适愉快的心情。故而进行体育锻炼，特别是自身热衷于体育锻炼，能让学生从中感受到乐趣，陶冶情操，同时还能让学生产生良好的情绪效益。

（三）提升挫折承受力——有效降低焦虑

所谓挫折，主要是指个体在实现行为目标的过程中遇到了各种困难，导致自身行动受阻，无法实现目标，从而出现的各种负面情绪状态。实践证明，长期有效的体育锻炼能在很大程度上缓解、抑制学生的负面情绪，改善其焦虑状态，进而产生良好的心理效益。另外，步入大学生活后，学生必须要适应个体主观因素和环境的影响，积极面对问题，从容自主地处理各种问题，在这个过程中，要树立自身的理想和目标，一步一个脚印去实现，如果学生能从体育锻炼中释放压力、交友、满足自身需求，会让学生积极主动地参与到体育锻炼中，由此可见，积极的情感体验对学生有着良好的效益。

（四）形成坚强的意志品质——勇于面对各种困难

意志品质是在克服困难的过程中培养出来的，同时也是在克服困难的过程中表现出来的，体育锻炼的特点主要就是不断克服主观困难和客观困难。研究发现，体育项目是培养学生优良品质的重要途径，比如，排球、足球、篮球等可以培养学生果断的品质；游泳、长跑等持久性项目可以锻炼学生坚忍的意志品质；武术、跳高、跨栏、体操等项目具有一定的危险性且需要腾空、跨越障碍，可以培养学生勇敢的意志品质。因此，长期有效的体育锻炼能够培养学生克服困难、勇于探索的精神，与此同时，还能培养其果断勇敢、吃苦耐劳、坚忍不拔的优良意志品质。

（五）满足健身运动的心理需求——审美需求

大学生参加体育健身锻炼的心理需求主要包括审美需求、兴趣、健康需求、社交需求等方面，其中，主导性的因素主要是审美需求，大部分学生都希望能够通过健身锻炼来达到强身健体、增强体质的作用。一些大学生由于遗传因素的影响，在身高或者体质等方面都不是非常理想，他们希望能够通过进行一些体育健身锻炼活动，达到强身健体的目的，使体型更加完美，让自己更加有自信和成就感，对自己以后的人生发展能起到积极的作用。

三、促进大学生心理健康的体育锻炼途径

（一）关注大学生心理健康问题

当前，社会各界高度关注大学生心理健康问题，但总的来说重视程度还不够，一部分学生的心理健康问题日趋严重。因此，学校领导和教师必须要高度重视，并加大研究，进而采取针对性措施促使大学生提高心理健康水平。在这一过程中，高校心理咨询中心和体育部必须要高度重视，同时将学生心理健康问题纳入教学计划，使心理健康有效贯穿于整个体育教学中。另外，学校心理咨询中心还必须认识到体育锻炼是治疗学生心理疾病的重要途径，要最大限度地发挥体育锻炼对学生心理健康的良好促进作用。

（二）加强心理健康教育

大学时期是个人形成稳定人格并树立三观的关键时期。在这一过程中，大学生心理健康教育对大学生心理品质的培养起着重要作用。心理健康知识的广泛传播依赖于心理健康教育课。这门课程开设的目的是提高大学生心理健康素养，使他们能够意识到自己及周围同学的心理健康状态，并在遇到心理问题时，知道正确的处理方法。另外，大学生心理健康教育课的开设目的不仅仅是预防和解决学生的心理困惑，更重要的是培养学生的心理健康意识并对他们进行积极引导。因此，接受高质量的心理健康教育课，对大学生的心理健康发展有着重要的作用。

为了解决当前大学生心理健康教育课面临的诸多困境，许多学者从教学方法、教学目标、教学内容、授课老师等方面做了相关研究，并给出了一些建议，例如，以学生身心健康发展目标代替解决学生心理问题目标、翻转课堂教学方法的使用等。这些研究的对象大多是课程本身或者授课老师，而作为教学的另一参与方——学生，却很少被视为研究对象。

为从根本上促进学生心理健康发展，高校体育教学必须要加强学生人生观、世界观教育。教师在教学中要了解每一位学生的心理状况，因材施教。同时，教师在教学中，还要适当安排体育游戏，或是具备现代特色的教学内容，如韵律体操、舞蹈等，选择生动活泼的教学方法，给予学生一种轻松、愉快的心理感受。为进一步提高学生心理承受能力，教师在教学中要有目的地设计一些障碍，让学生在经历了一定挫折和困难后才能实现目标，以培养他们的意志力。

（三）增设各种课外体育活动

要想更好地为学生形成健康心理提供物质保障，在当前的高校教学中，要不断增加体育课和课外体育活动，促使其身体发育，进一步改善人体机能，从整体上提升其运动水平，促使其认知水平、优良性格以及意志品质形成。学校体育部必须要重视各种课外体育活动的开展，并将心理训练和体育课有机结合起来，让学生在学习体育知识、掌握体育技能、强身健体的同时，强化心理素质。为让学生积极主动地参与课外体育锻炼，体育部还需为其提供充足的场地或运动器材，让学生按时参与体育锻炼。

对大学生心理健康教育而言，体育锻炼至关重要，作为教师，在促进学生心理健康的实践中，要最大化利用体育锻炼，使其成为学生心理健康问题的良方。很多主观原因制约了体育锻炼对学生心理健康发展的促进作用，因此，我们必须要重视这些因素，最大限度发挥体育锻炼在促进大学生心理健康方面的积极作用。

第三节　体育锻炼对社会主义核心价值观的促进

一、激励当代大学生的民族精神和爱国激情

"富强、民主、文明、和谐"是我国社会主义现代化国家的建设目标，也是从价值目标层面对社会主义核心价值观基本理念的凝练。要造就"富强、民主、文明、和谐"的国家，青年大学生必须有强烈的民族意识和为祖国贡献自我的爱国精神，而体育运动就有这种力量。

二、增强当代大学生的社会责任感和使命意识

"自由、平等、公正、法治"是对美好社会的生动表述，也是从社会层面对社会主义核心价值观基本理念的凝练。体育运动是一种生活态度，更是一种社会责任。公平、公正、公开是体育精神感染力和号召力的反映，体育道德、体育信念是体育精神的支柱和灵魂。

①体育运动精神强调人通过自我锻炼、自我参与而拥有健康的体魄、乐观的精神，体现对自由平等的热爱与追求。

②体育运动倡导公平、公正，将体育运动与文化、教育融为一体，使人们的身体与心灵、精神与品质实现完满的和谐。

③体育运动更是一种和谐、自由、健康、积极的现代伦理，促使人们通过友谊、团结和公平精神互相了解，从而为建立一个和平美好的世界做出贡献。体育运动能将人的美好愿景、社会责任与运动精神紧紧相连，这正是培育大学生社会主义核心价值观最生动的课堂。

三、健全当代大学生的人格品质

首先，体育运动能磨炼意志品质。大学生的意志品质和自控能力是其与自身怠惰心理和欲望博弈时所能体现的人格因素之一。所谓"战胜自己才能战胜别人"。通过体育锻炼可以锻炼意志品质。

其次，体育运动能加强团队协作精神。团队协作精神是大学生在团队之中，与他人相处时所必需的品质之一。大学生在参与集体运动项目时，学会"还有别人"，培养与身边的人交流、沟通与配合的能力和习惯，并将其运用到以后的学习与工作中。

最后，体育运动能树立规则意识。"没有规矩不成方圆"，大学生要想在社会中做一个遵纪守法的公民，做一个具有较高道德水准的知识分子，就必须具备这样的品格。而体育竞赛中的程序和规则是组成比赛的重要部分。参赛者必须严格遵守比赛程序和规则才能进行正常的比赛，反之就会受到判罚或者被迫退出比赛。通过体育运动来培养人的规则意识是可取的选择。

体育运动的魅力在于人们可以通过竞技运动欣赏完美、体验成功、经历巅峰，同时又需要面对失败、接受出局、承担痛苦，一切都那么直接、自然和真实，这种体验将震撼每一位大学生的灵魂，激励他们开展公平良性竞争，培养他们的集体意识，完善"爱国、敬业、诚信、友善"的健康人格，最终达到健全身心的目的。

四、弘扬当代大学生的中华体育精神

（一）增添中华体育精神新内涵

通过社会主义核心价值观传播，可以充分发挥中华体育精神的社会功能。通过中华体育精神与核心价值观的融合，发挥中华民族精神的凝聚、激励功能，共同构成以中华民族精神为轴心的体育精神体系，推动我国体育事业的健康可持续发展，强化国人的健康体质。通过对中华体育精神和核心价值观的融合，发挥爱国主义为核心的体育精神。通过民族之间的引力、各民族对中华民族的向心力、民族之间的亲和力等，使各民族融为一体，促进各民族、各阶层的团结、协调发展，促进社会的稳定和国家的可持续发展。通过对体育精神和核心价值观的融合，对我国各类优秀传统文化精神进行整合，触类旁通地发展社会主流价值观。在社会高速发展的进程中，动态地发展中华体育精神，从而更好地发挥中华体育精神对于体育事业乃至文化事业发展的精神合力具有重要的现实意义。

（二）拓展中华体育精神弘扬途径

只有立足于中华优秀传统文化之上，才能培育社会主义核心价值观，才能使核心价值观发扬光大。以"为国争光、无私奉献、科学求实、遵纪守法、团结协作、顽强拼搏"为主要内容的中华体育精神，直接应对核心价值观的三个层面，中华体育精神为国争光、科学求实应对"富强、民主、文明、和谐"的国家价值目标。爱国主义精神、科学求实精神与核心价值观所提倡的精神相符；中华体育精神所包含的团结协作、遵纪守法应对"自由、平等、公正、法治"的社会价值目标，公平竞争精神、集体主义精神与核心价值观所提倡的精神有异曲同工之处；无私奉献、顽强拼搏与"爱国、敬业、诚实、守信"的公民价值观相对应。中华体育精神所包含的爱国主义精神、英雄主义精神、乐观自信精神与核心价值观相同。

由此可见，核心价值观与中华体育精神在国家、社会、公民的道德规范方面具有非常高的契合性。加强中华体育精神的传承和弘扬，有利于提升人民群众的道德观和价值观，促进我国社会的道德建设。因此，弘扬中华体育精神，可以将核心价值观的文化氛围作为载体，加强中华体育精神的资源、典籍整理工作；可以通过核心价值观的宣传教化途径，推动其宣传工作和舆论引导，让中华体育精神随着社会主义核心价值观深入人心，让中华体育文化真正做到促进人的全面发展，从身体素质和思想道德全方位得以改善，提升人民群众的乐观自信精神、公平竞争精神等，实现人民群众现代生活方式的改变和提升。

（三）构建中华体育精神弘扬载体

通过深化社会主义核心价值观为载体的日常活动，使中华体育精神弘扬工作落到实处，促进学校教育宣传空间的形成。在学校教育层面，要重视中华体育精神在德育方面的教育作用，抓住青少年热爱体育运动的机会，开拓以弘扬中华体育精神为主题的教育实践活动，通过对体育事迹、体育典范的宣传，使青少年的爱国主义精神在中华体育精神的弘扬中得到提升；要以丰富多彩的校园体育活动为载体，开展丰富多彩的校园体育活动。根据时代的主题、学生的需求，不断创新体育实践活动，构建校园体育文化氛围，对学生起到熏陶和感染作用，培养学生乐观自信、顽强拼搏以及公平竞赛的中华体育精神；深入开展体育教学改革，将中华体育精神的弘扬融入课程建设，使学生在学习中受到潜移默化的影响。培养团结协作、科学求实的中华体育精神，进而确立正确的人生观、价值观。

第四章　高校体育教学基本理论

高校体育教学能够显著提升大学生的身体素质，是实现科技强国、人才强国、教育现代化战略的重要途径。高校体育教学的基本理论能够为高校体育教学的实践和中国高校体育教育现代化的改革与发展提供理论支持与人才储备，推动高校体育教学的可持续发展。本章分为体育教学的概念与特点、体育教学的原则与规律、体育教学的构成因素分析三个部分，主要包括高校体育教学的概念、高校体育教学的特点、高校体育教学的理念、高校体育教学的基本原则、体育教学的规律等内容。

第一节　体育教学的概念与特点

一、基本概念

（一）体育教学的概念

体育是主要以身体运动为手段，以增强身体素质为本质功能的一种实践活动。体育教学是一种特殊的社会实践活动，是教育学的重要组成部分。体育教学不但是达成体育目的的基本手段之一，也是学校体育工作的基本开展形式。不同于其他教学，体育教学是通过身体活动和思维活动的精密结合来实现掌握体育技能、培养意志品质、增强身体素质的目标的。与其他教学相比，体育教学更加注重应用和实践，并具有普遍性、长效性、终身性等特征。随着我国体育理论的不断发展完善，体育观念越发地被社会大众所接受；随着人民生活水平的不断提高，对健康理念的追求也越发强烈；随着人民群众的体育意识不断增强，体育教学的社会价值和受重视程度也将日渐增加。

体育教学是一种教授行为，但体育学科本身又不同于其他学科，学生必须

66

通过机体参与活动的方式，从活动过程中理性认识体育的技术、技能，才能真正掌握教学内容。该特性使体育教学活动不仅要求学生通过教材掌握体育技术的理论和要领，更要求学生通过反复的实际演练，建立起条件反射。和其他学科相比，体育教学中教师的实际教授更为关键。在实际教学中，如果教师不能准确描述技术要领，或是使用与教材中矛盾、不统一的术语，学生就会在学习过程中产生混乱，严重影响技术、技能的掌握，甚至会导致学生受伤。

（二）高校体育教学的概念

体育教学、课外实践活动和运动训练是高校体育教学的三大组成部分，高校体育教学是针对普通大学生，以身体运动为根本练习手段，通过锻炼增强学生体质、提升学生全面素质，使学生掌握一定的体育技能和卫生基础知识的体育活动。是由学校体育过渡到社会体育的关键阶段，是提升大学生良好身体素质的主要渠道。高校体育教学以育人为宗旨，培养学生自主健康的行为习惯，促进大学生身心全面发展。此外，还有助于培养良好的心理品质，陶冶大学生的情操。

二、高校体育教学的特点

高校体育教学作为教育事业的一个重要组成部分，又是学校体育教学的重要分支，在学校体育教学体系中处于领导地位。高校阶段是促进学生体育锻炼，拓展体育知识技能，培养体育兴趣以及奥林匹克精神的关键时期，是学校体育过渡到社会体育的初级阶段，高校体育教学是实现我国体育强国战略目标的奠基石。

（一）目的性

高校体育教学的明确目的就是要追求大学生身心健康，借助一定的手段或通过一定的实践活动有针对性地增强学生体质；高校体育教学是个人自主、自动地以体育的手段和方法改造自身健康状况，是一种自发的行为，主要受价值观的影响与支配。

（二）持续性

高校体育教学的目标不是一朝一夕就能实现的，其实现过程是一个持续的过程，只有意志坚定、坚持不懈，才能促进身心和谐发展，实现思想品德教育、文化科学教育与体育教学的有机结合。

（三）规范性

高校体育教学具有严格的规范性，任何体育运动均具有特定的动作规范和强度要求，人们在进行体育锻炼时必须严格遵守，否则可能损害健康。另外，体育教学规定教学内容和教学总时数，这种规范式教学安排能保证高校体育教学的效果。

（四）主体性

人作为社会活动的主体，其本质的特征就是主体性。而主体性的核心内容是思维的独立性和创新性。主体性教育思想着重培养学生的自主学习能力，要求学生要主动去学习；还强调学生在学习过程中必须树立责任意识，要在学习过程中进行自我监督、自我负责。在体育教学中，学生必须也必定是作为体育运动的主体而存在，这也是体育教学以主体性教育思想为指导进行主体性体育教育的天然优势所在。在体育教学中运用主体性体育教育方法能够使学生养成独立思考能力和主动探索能力，让学生更加积极、主动地参加体育运动，并且在体育运动的过程中成为一名主动的学习者，能主动学习和感受其中蕴藏的体育知识和体育精神，从自身出发进行探究性学习，在体育运动的过程中学会与其他成员沟通交流、养成合作精神、培养团队意识，懂得如何充分发挥自身的优势，从而与其他成员更好地配合，取长补短。体育运动能够更加充分地发挥主体性教育的作用，让学生在参与体育运动的过程中逐渐将体育精神内化为个人价值观念。

（五）多样性

体育教学的多样性特点使得学生能够在各种各样的体育活动中经历多样的情景，体验到不同的角色扮演经历，从而更加深层次地体会和理解角色职责、角色义务，从而加速角色职责的内化进度，最终获得角色学习。在这种角色扮演过程中，学生们不再只考虑自己的利益和感受，忽视他人的利益和感受，而是能够通过扮演他人的角色体会到他人的利益和感受，学会从他人的角度思考问题，从而克服自我中心主义，这也使得学生在群体中能够考虑其他群体成员的利益，学会考虑群体的利益，最后逐渐树立集体主义思想。在角色扮演的过程中，学生们能够慢慢体会到他人的情感，能够互相理解、互相尊重，最终加强群体中成员之间的相互理解和相互沟通，从而在群体中形成良好的人际关系，促进群体归属感的形成。当学生们有了群体归属感，在群体中能够对自己所扮演的角色担负起责任，群体意识就得以形成。

（六）娱乐性

体育教学的娱乐性可以起到调节情绪的作用，可以舒缓身心，消除身心疲倦，还可以减轻或者消除日常学习、工作、生活所带来的压力以及消极情绪。而体育运动的娱乐性主要体现在体育课堂教学之外的课外体育活动中。在课外体育活动中，学生们能够通过参加各种各样的体育活动，在体育活动和锻炼过程中，释放和消除平时在学习、工作中所积攒的压力，通过释放这些压力有效调节自身的各项身体机能和各种消极情绪，以此消除自身疲惫感，从而改善心理和生理的状态，最终实现健康心理。此外，体育运动能够让学生在参加体育活动的过程中发挥个体主动性、积极性的作用，提高自身自信心，养成积极健康的心态，同时在体育运动所营造的这种和谐、融洽的氛围中，学生的个性能够更加全面、健康和谐、积极向上的发展。另外，学生也能够通过观赏他人的体育活动、体育比赛和体育表演，在观赏过程中得到精神上的享受，以这种间接性的方式获得满足感，在观赏比赛、表演的同时陶冶情操，培养学生健康积极的心态，并且在观看比赛、表演的过程中，在参赛者、表演者体育精神的影响下，塑造积极向上的世界观、人生观、价值观。

（七）社会性

体育教学的社会性也是体育教学特点的一个重要组成部分，它是通过各种各样的体育手段和内容培养人的个性和个人观念的，具体表现为将社会价值观念内化于心，传递社会文化，建设社会角色等。

首先，体育能够培养规则意识，无论是参加体育比赛还是在日常的体育活动中，参与者只有遵守体育的规则，接受体育规范的约束，体育活动才能有序地进行、开展。在参与体育活动的过程中，遵守规则的行为会渐渐演化成个人的行为习惯，这也能使学生养成遵守社会行为规范，遵守社会道德观念，遵纪守法的行为习惯。

其次，体育能让人认识、理解社会角色。在体育活动的过程中，学生所扮演的角色与在社会中所扮演的角色存在一定的相似性，体育活动的实践过程能够让学生提前体会到社会角色，有助于认识和理解社会角色。学生在各种各样的体育活动中有着不同的角色扮演经历，这些经历能够引导学生形成和完善社会角色。

最后，体育能够促使人形成和完善社会化人格。因为体育具备活动的内容多样化、形式多样化等因素，学生能够自由选择自己想要的活动形式，也就是想要参加的体育活动形式，这就为学生形成独立自主的人格提供了客观环境的

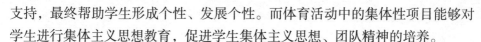

支持，最终帮助学生形成个性、发展个性。而体育活动中的集体性项目能够对学生进行集体主义思想教育，促进学生集体主义思想、团队精神的培养。

此外，在体育活动中，通过将社会主义核心价值观融入体育活动的方式，能够让学生在潜移默化中将社会主义核心价值观内化于心，外化于行。

三、高校体育教学的理念

（一）高校体育教学理念的本质

高校体育教学理念是高校体育抽象逻辑的形象表达，要符合高校体育教育特点、高校教育规律，属于教育理念在高校体育领域中的应用，包含于体育教育理念中，体育教学理念的内容是学校体育教育理念的重要内容。中国学校体育教育理念，由新中国成立初期的军事体育发展为自然主义体育、技能体育，随后"健康第一"理念、快乐教育阶段的快乐主义理念相继出现，学校体育教育理念最终形成了符合我国国情的思想体系，学校体育思想是学校体育的灵魂所在。

高校体育教学理念的本质为体育和育人，强调以人为本的理念，实现大学生全面发展，包括身体、社会、精神三个方面，保障、实现、维护、提升大学生的健康水平。高校体育教学理念改革高校体育教学中存在的问题，以建设良好的师生关系、优质校园环境、卓有成效的体育教学为目标，其实质为肯定学生在学校体育教学中的主体地位，指导思想为通过学校体育教育增强学生体质，提高学生的全面综合素质，以达到提升学生健康水平的目的。

（二）高校体育教学理念的价值

高校体育教学是联系课外体育、家庭体育、社区体育、社会体育、竞技体育、休闲体育的重要纽带。在改善学生健康水平，提高学生身体素质，促成学生运动技能形成，培养学生体育兴趣，选拔竞技体育苗子，树立学生终身体育观念，增加体育人口数量，塑造体育消费习惯，拉长体育产业链条，促进体育经济健康可持续发展，建设体育强国，推进健康中国发展等方面，具有显著的作用。

高校体育教学理念对于高校体育教育和高校体育教育实践活动，具有指导作用。高校体育教学理念的价值主要体现在以下四个方面：①精神价值，体现在对大学生生理、心理、情感、意志品格的培养上；②文化价值，体现在传播中国传统体育文化，促进国际文化交流与合作，促进科教兴国、文化强国的建设上；③社会与自我价值，体现在社会个体不断塑造个性、提高自我体育技能与身体健康水平上，个体通过参与社会体育活动，实现体育的社会价值，同时又在社会对个体肯定与反馈的社会性过程中，实现个人的体育价值；④强化学校体育教育理念领域相关研究，对于把握发展趋势，发现当前问题及成因，提出对策与建议，促进高校体育教学和谐可持续发展具有重要价值。

（三）高校体育教学理念研究的意义

1. 理论意义

从历史学视角梳理高校体育教学理念的发展历史，能够深化认知层次，探讨高校体育教育发展的客观规律，挖掘其内涵与理论价值，从经验教训中获得启示；从科学发展观视角肯定其成就，褒扬其亮点，鞭策其不足，为高校体育教育健康可持续发展提供理论和建议；从国际化视角横向对比国内外高校体育教育理念，在批判中学习西方先进高校体育教育理念，丰富中国特色传统体育教育理念的内涵，并拓展其外延；从可视化视角构建以育人为最高目标，以知识技能为主导，以培养能力为重点的高校体育教育研究模型，促进研究手段与方法的更新，使得研究结果更具有针对性、科学性与价值性，进而为中国特色高校体育教育理论体系的构建与完善，以及高校体育教学领域相关政策的制定与实施，提供理论支撑与参考依据。

2. 实践意义

从可持续发展视角看高校体育教学理念的改革和发展，对于健康中国与体育强国建设、全民健身工作发展的推进、中国青少年体质状况的改善、多样化体育人才的储备，具有重要意义。同时，对于十八大新起点上的中国高校体育教育的实践工作，具有指引、检验与修正的作用。

从方法论视角看高校体育教学理念的改革与发展，方向走向为前进上升，表现为发展过程前进与曲折并存，实质上是新的高校体育教育理念取代旧的高校体育教育理念的过程。在整体上追踪高校体育教育研究的发展轨迹，深层次挖掘其发展原因、政策社会背景，能够深刻认识高校体育教育发展量变与质变的关系，做好迎接挑战、克服困难的准备。同时，做好高校体育教学理念的理论与实践积累，抓住时机促成高校体育教育体系的建立与完善。

第二节　体育教学的原则与规律

一、高校体育教学的基本原则

在高校体育教学的实施过程中，必须遵守五大基本原则，才能避免体育教学过程中的盲目性与随意性，保证对健康体育锻炼的共同追求和向往。

（一）区别对待

根据不同个体的实际体质，每一个人的体育锻炼方法必然不同，应该结合实际选择适合自己的体育锻炼方法。普通高等学校招生除招收高中应届毕业生外还可通过成人高考，由于高考年龄限制的取消，大学生个体健康素质差异很大，情况也多种多样。我们应该采取区别对待原则，根据不同年龄层次、不同健康状况群体的需要，传授不同内容，采用不同施教模式，实施灵活多样的体育教育形式。

（二）循序渐进

具体的体育锻炼活动应有科学合理的顺序和计划安排，应按照合理的顺序，穿插适当的休息，形成加强—适应—再加强—再适应的模式，逐步提高身体素质。良好的身体素质是掌握专项体育运动技术的基础。因此，在体育教育课程安排上，应从基础抓起，全面提高身体素质、发展体能，然后传授专项运动技能和知识，再结合学生自身特色发展属于他们自己的体育风格，历经被动接受到主动创新的过程，是高校教育未来发展的趋势。

（三）积极创新

需要（目的）→动机→兴趣→行动心理学的规律，说明人类行动的积极主动性来源于需要。时代是不断进步的，任何事物的发展趋势总是前进的，而发展的道路又是迂回曲折的。高校体育教学也不例外。体育教学的理论和方法需要不断创新，专项运动技术与知识也需要不断完善，只有不断创新，新理论与新技能才能符合大多数人民的利益，满足学生的个性化追求，从而得到当代大学生的支持和拥护。与此同时，高校体育教学才能在改革创新中求发展。

（四）积极主动

在平衡发展的基础上，高校体育教学必须使参与者认识到参加体育锻炼的重要性，并产生寻求健康体育锻炼方法的积极性，充分调动他们的自主性和目的性，唤起学生对健康体育的共同追求和向往。了解不同学生的需要，针对当今高校体育教学存在的问题，加强对大学生的体育健康理论知识教育。通过多样的体育运动形式，培养学生自觉参加体育锻炼的习惯，形成全民健身的良好氛围，使体育成为一种兴趣。

（五）从实际出发

通过深入调查了解大学生的身体状况和体育观念，以增进大学生身体健康为核心目标，通过锻炼增强学生体质，使学生进一步掌握体育专项基础知识和体育锻炼技能，在健康体育理论的基础上，注重学生的心理健康教育和生活健康教育，保持学生各种身体机能和技能的平衡发展。

二、体育教学的规律

（一）体育课程应该遵循的一般规律

1. 社会制约性规律

体育教学是一种社会性质的活动，因此，在教学的过程中会受到多种社会因素的影响，诸如社会物质、文化条件和社会发展趋势、需求，以及社会政治和经济的特点等。因此，各国的情况不同、人们的文化水平不同，体育教学的目标和内容也不尽相同。体育教学不仅仅是学校教育的组成部分，并且在学校教育中起着重要的作用。与此同时，体育教学的条件和手段对社会经济的发展和科技水平的高低以及社会文化水平都有不同程度的依赖性。因此，体育教学必须遵循社会制约性的规律，并且随着社会需求的变化而不断变化。

2. 学生身心发展的规律

学生是体育教学的主体，是教学目标的实现者和教学任务的承受者，学生的身心发展会随着年龄的不同而表现出一定的规律性。处于不同年龄阶段和教学环境下的学生的身心发展特点不尽相同，为了保证教学过程符合学生身心发展的需要，在进行教学目标的制定、教学方法的选择、教学内容的安排的时候，都必须根据学生的特点，保证其既符合学生接受能力和体质状况，又符合学生的身心发展规律和特点，如此才能使体育教学过程具有针对性，才能保证教学目标的顺利实现。

3. 认知事物的规律

体育教学过程是学生掌握体育相关知识、技术和技能的过程，在这个过程中需要有体育教师正确的引导，才能保证教学顺利完成。为了保证教学目标的实现，在教学过程中，必须遵循学生认知活动的规律，在此基础上，引导学生将感觉、思维、实践三个环节紧密地结合在一起。在学生接受知识和技能的过程中，感知是认识事物的基础，但是学生在不同的阶段，有着不同的感知能力；思维是学生对所学习事物的理性认识，学生思维的发展具有顺序性和阶段性；实践是学生对所学知识和技能的巩固和发展，以及不断提高的过程，同时也是增强学生体质、完成体育教学目标的必要途径。因此在进行体育教学的过程中，要严格遵守学生认知事物的发展规律。

4. 体育和德育、智育相统一的原则

随着我国对体育教学研究的不断深入，我们逐渐认识到，体育教学承担着增强学生体质的作用，因为它是一种以小组、团队等集体为主的教学，因此教学活动对学生的思想道德、精神面貌、意志品质等也会产生一定的影响。教学过程也是学生的认识过程，要在此教学过程中，不断提升学生的素养和认识，充分发挥学生的体力和智力优势，使学生能够掌握正确的学习方法，并养成一些良好的习惯。体育教学的目的就是培养全面发展的学生，因此在教学过程中，应该始终坚持德育、体育和智育完美结合的教学方法。

5. 教、学相统一的规律

教学的过程是教师教授和学生学习的过程，要想促进教学质量的提高，必须正确地认识教学的过程。在教学过程中，不仅要充分发挥教师的主导作用，同时还要十分重视学生的主体作用。在整个体育教学过程中，两者缺一不可，与此同时，两者之间还存在着非常紧密的联系。教师的教是教学过程的外因，学生的学是教学过程的内因，外因只有作用于内因，并且通过内因的变化，才能起到教学的作用，因此，教师的主导作用和学生的主体作用是相互联系、相互制约的。在教学过程中，应该坚持教与学相统一的规律，这样才能取得更好的效果。

（二）体育教学应该遵循的特殊规律

1. 动作技能形成的规律

体育教学是一门实践性较强的学科，在学习的过程中主要以运动为主，体育技能学习和掌握的过程有自己的规律，这是个体在学习某种动作技能过程中的基本规律，主要包括粗略领悟阶段、改进和提高动作阶段、巩固和运用阶段。无论任何一种动作技能的习得都需要经过这三个阶段，这就是动作习得的规律。但是由于每一种动作的难易程度以及学生的熟悉程度不同，在每个阶段所需要花费的时间也就有所不同，因此，三个阶段的划分虽然是动作习得的必经规律，但是却没有严格的、明显的界限。对体育教学而言，只有在教学过程中，根据不同的动作内容，严格遵循动作技能的形成规律，才能最大限度地提高教学的效率和质量。

2. 人体机能适应性规律

人体在进行运动的时候，体内会发生一系列变化，由于不同运动对机体造成的影响不同，机体对每种运动都有一个适应的过程，并且有一定的规律性。机体在运动的时候，由于动作变化，会使机体产生一定的负荷，从而产生能量消耗，这一时期称为机体的工作阶段。经过一定时间的调整和休息，机体体内的能量逐渐恢复到之前的水平，这一阶段称为能量的恢复阶段。经过一段时间的休息，机体的能量超过了之前的水平，这就是超量恢复阶段。因此在教学过程中，要合理利用这一规律，把握好运动的时间间歇，保证最佳的学习状态，提升教学的质量。

3. 人体生理、心理活动起伏变化的规律

体育教学的目标不仅仅是增强学生的体质，提高学生的运动能力，除此之外，还关注学生的心理健康，强调身心的共同发展，这就是当前体育教学中提倡的"促进学生全面发展"的目标。从体育教学的特点上看，运动本身就是学生身心共同参与的过程，在反复的练习和休息过程中，学生生理机能的变化具有一定的规律性。由于学生的年龄、身体条件不同，及所处的气候条件、社会环境以及所接受的训练方法不同，教师选择的教材和所采用的组织教法也存在着一定的差异性。对于少年儿童来说，机体的活动能力一般是上升速度比较快，但是维持的时间较短，和身体活动相对应的是，学生的心理活动也呈现着相同的发展趋势。由此可见，体育教学过程中呈现着不同的变化趋势，这也是体育教学应该遵循的规律。

由于体育教学在学校教学过程中具有重要地位，再加上体育教学具有复杂性和实践性，因此在教学过程中要围绕上述规律进行，以提高教学的效果。

第三节　体育教学的构成因素分析

一、体育教学目标

根据我国大学生特征和国家教育政策的需要，高校体育教学目标可总结为：推进素质教育，贯彻落实"学校教育要树立'健康第一'的指导思想，切实加强学校体育"的精神；引导学生掌握体育基本知识与技能，培养学生的体育意识和科学锻炼的习惯，激发学生体育锻炼的兴趣；促进文化教育与体育教学的有机结合，提高学习效率，迎合学生多样化及个性化的需要，促进学生德、智、

体、美、劳全面发展；培养成为具有团结协作、积极创新、竞争意识的未来社会主义接班人。

高校体育教学的首要目标就是强身健体。大学体育教学以育人为宗旨，以强身健体为出发点，以发展大学生鲜明个性、培养大学生体育意识、养成终身体育锻炼习惯为主要目标。高校体育教学实施过程就是指导每一位大学生积极进行体育锻炼，促进大学生形态结构、生理机能和运动素质健康发展，为工作、学习与生活奠定坚实的基础，由此构建一个由多个子系统组成的目标体系。

目标体系主要由三大目标和两大指标构成，其中，两大指标是指运动技能指标和发展身体指标。这个目标体系宗旨是树立正确的健康观念和终身体育观念，掌握健康与卫生知识以及科学锻炼的理论和方法；发展目标在于提高适应环境能力，发展心理健康和生理素质；在意志品质教育方面，培养良好的道德规范，发扬团队合作的集体主义精神，激发积极进取的拼搏精神；运动技能指标中包含专项理论、运动能力、各级素质指标；身体指标中包含全面素质指标、身体机能指标和身体形态指标。整个目标体系全面、系统地分析了学生在不同阶段、不同层次的发展目标，避免了高校体育的盲目性和随意性，也增强了大学生追求健康体育的主动性、积极性。

高校健康体育的目标要理论联系实际，以锻炼身体为起点，循序渐进到专项体育运动，再深化到专项理论知识、科学锻炼的原理与方法，最后培养学生终身体育的习惯。以往在应试教育下，学生普遍体育意识淡薄，健康体育理论知识不健全；如今在素质教育下，高校体育更应该注重学生身心健康素质，为学校体育过渡到社会体育打下良好的基础。

二、体育教学客体——学生

学生既是教育的对象又是教育的主体，也是教育要素的重要组成部分。从教学活动来看，学生处于受教地位，是客体；从学习活动来看，学生处于主动学习过程中，是主体。可以说，在教育过程中的学生是主体与客体的辩证统一体。教师是学生学习的引导者，学生是学习的主体，是体育教学活动的主动参与者，学生的积极性与其自身的努力程度是体育教学取得良好效果的重要因素。因此，在体育教学中，体育教师应充分调动每一个参与体育课程的学生的积极性、主动性，培养他们独立思考的能力，最大限度地发挥每一个学生的潜能。摸清学生的实际情况以及对体育的观点和看法，有利于体育教师在进行体育教学设计时综合考虑学生各方面的因素，使得体育教学设计更加具有科学性与合理性。

　　高等体育院校就读的学生绝大部分都是经国家体育专业术科考试或高水平单招等途径入校的。因为招生面向全国，学生们的性格、身体素质、竞技水平以及对各自专项技能的熟练掌握程度等难免会存在参差不齐的情况。况且这些来自五湖四海的学生具有不同性格、成长环境、价值观以及理想与追求，当他们共同生活在同一个环境中时，差异化的程度将会凸显，从而必定会导致教师执教难度的加大。在这种状况下，高等体育院校教师实施体育教学时，不能只进行简单机械式的知识传授与经验式教学，还需综合考虑其身体素质、性格、情感、知识接受能力、专项技能基础、运动能力等方面的差异，对整个教学过程进行研究与反思，从而因材施教，适时调整教学方法、步骤与策略。

　　在体育教学活动中，学生要承担比一般学习活动更为复杂的学习任务，除了学习一般的理论性体育知识之外，还要进行身体练习的实践性操作。而就身体练习本身而言，任何一个动作的完成，都是以理解运动技术的智力活动为基础的。

　　在体育教学中，学生的身体素质决定着学生在本堂课程当中对体育技能理解和运用的程度。身体素质是体质的重要组成部分，是维持人体活动的基本形式，身体素质的强弱直接影响着体育教学中个人的表现和体育运动水平的高低。通常，在体育教学中，由于体育课程受到时间等诸多方面的限制，体育教师会放松对学生身体素质的训练，使得学生在体育运动技能以及体育能力的提升方面存在着不足。体育教师在体育教学中必须针对不同身体素质的学生安排练习，以此来促进每一位学生身体素质的发展。

　　作为体育教学中学习的主体，兴趣是决定学生对体育活动喜爱程度的一个重要因素。学生对于体育运动的兴趣，直接影响他们对体育运动的主动性和积极性，也会影响学生对于体育运动技能的掌握。体育教学实践证明，只要学生对体育运动有了兴趣，便会将学好体育作为自身的一个需要，充分调动自己的积极性与主动性，努力克服在体育学习中的各种困难，以此来提升自己的体育技能。学生对体育运动感兴趣，这对体育教学效果具有十分积极的影响，也为取得良好的体育教学效果奠定了基础。

三、体育教学主体——教师

　　教师是履行教育教学职责的专业人员，是教育要素的重要组成部分，是教学活动的主导。相对于一般教师而言，体育教师在教师群体中的定位更为特殊。由于体育教学活动是智力活动和身体活动的有机结合，就要求体育教师不仅要掌握体育知识，还要能够对运动技术进行实际示范。为了在教授环节中避免体育知识和运动技术的脱节，且能相对容易地被学生理解、接受，体育教师自然要借助体育教学术语进行教学。

在日常的体育教学活动中，老师是占有绝对的主导地位的，体育教师是掌握权力、"发号施令"的人，责任重大。因此，体育教师应不断学习进步，加强对外交流，由老教师带动年轻教师发展等；校方也应加强专业师资力量的引进，尤其是对现有的人才招聘制度进行改革，不能以论文、学历为引进标准，对于一些专业技术优秀、参赛经验丰富的老师可以适当放宽准入标准；国家体育总局也应支持退役运动员的再就业，帮助他们利用极其丰富的大赛经验和极为高超的技术动作进行教学，反哺我国的基层体育教育。

教师语言表达能力也对体育教学效果有重要影响。在体育教学中，教师需要凭借语言来与学生交流沟通，因此教师要适当地掌握语言的艺术。当体育教师向学生传达口令时，清晰简洁的口令可以使学生准确接收。如果体育教师在教学中能够运用条理清晰、生动形象的语言解释各种体育知识，学生就能更好地接受与掌握本堂课的知识。如果教师不能够通过语言将自己的知识传授给学生，学生便会丧失对本门课程的学习兴趣。因此在体育教学中，教师要适当运用语言的艺术，使学生能够充分吸收本节课的知识与技能。

体育课程设计主要是将教师的教与学生的学相结合，讲解示范是体育老师传授知识的基本教学手段，是使学生建立基本技术概念的有效途径。教师运动技能的专业性、教师的学历水平、教师参加大赛的能力、教师外出培训的能力，都决定了教师的运动技术和身体素质水平，教师在示范难度过高的动作时会给学生带来不良影响。因此，教师的技术水平与动作示范能力在教学过程中起着重要的作用，会直接影响体育课程的教学效果。

体育教师的其他教学能力直接影响着教学质量和效果，也是衡量一个教师教学水平高低的重要指标。在体育教学中，体育教师要能够根据不同的教学对象选择科学合理的教学方法，从而有效地将体育课程中的知识与技能传授给学生。

在体育教学中，体育教师除了具备基本的体育知识与体育技术之外，还要结合体育教学实际不断地与时俱进，时刻关注体育教学的最新变化发展和理论研究新成果，结合自身情况将最新理论成果运用到教学中去，不断地提升自己的技术水平与动作示范能力。体育教师的积极教学态度能够促进学生学习态度的改善，提高学生的学习能力，增强学生的自尊心与自信心，缓和他们的焦虑情绪，形成并巩固大学生待人处世的积极态度。

四、体育教学内容

高等体育教学内容要在教学中为实现教育目标提出不同层次的要求，教学内容不是单一的，而是多样的。

第一，以传授知识为己任，使学生熟悉教育法规，能基本使用高等教育学、高等心理学以及体育教学与训练的知识，熟练掌握各运动技能的教学方法与训练技巧。

第二，掌握多媒体教学手段，知晓学校体育的演化与推进动态，具备独立学习思考的能力。

第三，培养学生健壮的体魄与良好的行为生活方式。

第四，培养学生对祖国的热爱之情，使其具有社会责任感、职业道德，符合公认的道德要求并着重塑造学生的意志品质、情感、价值观等，使其能适应现代化社会和市场经济发展的需要，具备较强的创新能力、实践能力和社会适应能力。

体育教学内容的难易程度也对体育教学效果产生一定的影响。教学内容安排过于简单就无法完成教学计划，也使学生无法掌握体育课程的基本技巧和理论基础，不利于学生的发展。教学内容安排得过于困难，不利于充分调动学生的积极性和主动性，也不利于学生基本动作技巧和比赛技巧的掌握。因此，在体育教学内容安排上既要考虑体育课程的教学目标，也要结合学生的实际，使体育教学内容的难易程度能够适合大多数的学生。

五、体育教学过程

教学过程指教师与学生在共同实现教学目标过程中的活动状态变换及其时间流程。人类是复杂的个体，常会受到情感、环境等外界因素的影响。在实施教学的过程中，即使在课前已经依据教学基本规律精心地备课，但是随着教学活动的开展，课堂上会发什么，即将发生什么，是难以准确预料的。

在高等体育院校的教学过程中充满动态的、不确定因素，也许是一位调皮学生的天真提问引发了全班同学的笑场，从而打断了教学思路；还可能是另外一位学生的独特观点引发了教师对教学内容的深层次思考，从而使之顿悟。这意味着体育教学很可能不会严格遵循教学计划照本宣科式地完成，没有一种教学方法能适应所有环境以及各种情况。例如，在高等体育院校的专业课上，一种运动技能可能有几十种训练方式和教学方式，但并不是每一种都适合拿来进行教学实践，训练方式和教学方法还受制于教学对象的运动技能基础、身体素质、运动天赋等,在传授运动技能时要因材施教,灵活运用教学方法和训练方法,这样才能达到教学目的,完成教学内容。

简言之,高等体育院校的教学过程是在师生交互、不断探索的进程中由师生共同完成的。这就需要根据教学内容、对象和现场情况的变化,及时修改教学计划并调整课堂组织形式,从而灵活开展教学活动。

六、体育教学环境

体育教学环境大多数情况下指的是承载体育教学的自然环境、社会环境及精神环境。体育教学环境的好坏对于体育教学活动的开展和教学效果具有十分重要的作用。首先,由于高等体育院校的教学内容、学生个体差异、教学空间以及教学环境各不相同,教学环境展现出高度复杂性和不确定性,体育教学实践的顺利实施会受到些许阻碍。而高等体育院校的课程任务除了传授专业的术科理论知识和运动技能外,还需要对学生进行理论联系实践的思维与行为指导,促使学生充分理解与运用某项运动技术。其次,高等体育院校专业课程的开展绝大部分都是在室外的课堂环境下进行的,对于教学环境的学科内容创设与氛围营造更具挑战性。换言之,为灵活驾驭动态变化的复杂教学环境,教师需要对未知教学情境进行假说研究,在教学过程中需要具备问题意识,敏锐发现问题并全面分析、解决问题。在进行体育课程设计与安排时,要保证能够有标准的体育运动场地,这样才能保证体育教学课程有一个良好的教学环境,才能取得较好的教学效果。

在思想政治教育过程中,环境具有很大的影响。高校体育教学环境能够为大学生营造良好的文化氛围,能够对大学生思想品德、价值观念的形成起到潜移默化的影响作用。高校要以体育教学为核心,在大学校园体育环境建设中弘扬高校体育精神,建设高校体育物质环境,完善高校体育制度,才能更好地发挥体育教学的育人功能。

(一)体育文化环境

体育文化环境作为校园体育文化的核心和灵魂,主导着校园体育文化环境育人的方向。要建设校园体育精神文化环境,首先就要使大学生树立正确的体育观念,要让大学生将体育当作日常校园生活的重要组成部分,将体育锻炼看作一种健康的、积极的、科学的生活方式,培养大学生良好的体育道德和日常体育习惯,强化他们的体育意识,帮助他们将体育融入日常生活,从而在思想上树立终身体育观。高校要充分发掘体育精神的文化内涵,对体育精神文化进行更深层次的研究，使大学生们能够从不同角度、不同视角全面深入地了解体育。同时，在大学校园内宣传和弘扬高尚的体育精神，如奥运精神、女排精神等，用良好的高校体育校风和由体育精神文化所营造的良好氛围来促使大学生主动参与到体育锻炼中去，让大学生在感知体育文化、享受体育乐趣的同时，被体育运动里面蕴藏的体育精神所感染，了解体育精神，理解体育精神，贯彻体育精神。

（二）体育物质环境

体育物质环境作为高校体育环境的物质基础，也是体育文化环境在物质层面最直接的载体，是高校体育文化环境中能够被直观表现的部分，这也使得体育物质环境成为体育文化环境发挥育人作用的根本保障。在大学校园内，能被看到、感知到的物质环境，如体育场馆及体育器材、体育建筑及体育设施等都能够直接表现一所大学的校园文化，要加大经费投入去建设和完善具有亲和力的校园体育物质环境。也只有在这样的环境氛围中，广大师生才能够对体育运动产生热情，才会主动参加体育锻炼，这样才能提高校园体育活动的参与度。高校要努力丰富校园体育物质环境的内容，提高体育环境、体育设施潜在的教育性优势，通过对校园体育环境的建设和强化，在校园中营造良好的体育教学环境氛围，充分发挥高校体育教学环境的育人功能。

1. 自然环境

体育教育专业授课的特点主要以身体与专项技能的学习为主。温度、空气、湿度等人力无法干预的自然环境因素对教学活动都会产生一定的影响，这些因素会直接或间接地影响体育课的教学效果和教学质量。若体育场馆内的光照时间充足，要及时进行通风换气，会使师生头脑清醒、心情愉悦，那么整体的教学效果就会有显著提升，学生积极性也会大增；反之，则会使师生意志消沉，进而降低体育课的教学质量，学生学习效果也会大幅度降低。空气湿度对体育课的教学活动同样具有一定的影响，例如，夏季湿度要比冬季湿度大，温度较高，室内外场馆授课时会导致学生身体不适，甚至中暑，影响正常的上课进度，冬季天气寒冷干燥，学生对运动的敏感性降低，不愿从事高强度的活动和热身，因此极易受伤。

2. 教学设施

在体育教学环境中，教学设施主要涵盖场地、器材、活动空间等诸多要素，同时还包括一系列服务项目，如场馆的采光是否充足、场地周边的生态环境是否良好，以及场地器材的及时维护、保养、更新换代等后续服务，这些条件都会直接或者间接地影响学生学习的兴趣和老师授课时的心情，甚至会对学生的身体造成伤害，所以良好的教学设施在日常体育教学中具有十分重要的作用。场地器材对于正常的教学也是十分重要的，良好的、专业的场地设施，会给学生一种强烈的心理暗示。运动设施作为体育教学正常开展的基础，要发挥其保障效用，校方应根据当地环境特点与自身条件，适时对室外场地进行改建、扩建，同时整合资源把室内场馆内的场地项目进行细化，利用绿色植被改善校园的小生态环境，营造舒适的体育教学环境。

（三）体育制度环境

在高校中，要发展良好的体育教学环境就离不开校园体育制度环境。高校体育制度是高校体育教学的重要组成部分，对于高校体育教学系统而言，是其能够正常运行的重要保障，因此，高校体育制度能有力地保障校园体育教学的建设。体育制度是连接体育物质文化和体育精神文化的桥梁，校园体育精神依赖于体育物质环境的支撑，但是仅仅如此还是不足以让体育精神文化和体育物质环境结合到一起，它们之间的结合还需要依赖制度作为保障，也只有依靠体育制度才能将两者结合起来，共同发挥育人作用。体育制度的建设是一项长期的、需要探索创造的工作，需要贯彻落实各项体育规范，将校园内的所有体育工作制度化、规范化、程序化，还包含了各种管理理念和管理手段。只有做到将校园体育制度系统化，学校师生才能更好地享受校园内的体育物质环境，更加主动地弘扬校园体育精神文化，在遵守规则的前提下，享受体育运动的过程，提高自我修养。

七、体育教学方法

体育教学内容是体育教学的核心，而体育教学方法又是体育教学的重中之重。在新时代，各种教学方法层出不穷，比比皆是。但究竟哪种方法更为实用，还得根据不同的教学项目去制定。比如，在田径与体操项目中，运动员只要稳定发挥就能取得意料之中的成绩，此类运动很少涉及外界情境因素，但对于复杂多变的球类运动来说，其运动技术的发挥与外界情境有莫大的关联。一直以来，在进行运动技能教学时我们都是从运动项目技术角度去展开教学，这样的教学方式如果用在封闭式运动技能贯彻上是可以行得通的，但用在开放式运动技能教学上就是不合时宜的，因为它忽视了技能形成与环境的交互作用，必然对教学效果产生很大影响。

由于体育教学自身的特性，在教学中教师不仅要掌握基本运动技术，还需要结合对环境的把握预判、技术的选择来发展思考、判断等多方面能力，而在体育新课程建设与教学改革中，学校应大力提倡发展这些隐性知识，如探究能力、创新能力一直以来都是新课程目标津津乐道的。在平时的教学中，常会出现学生训练成绩和比赛水平脱节的现象，有很多的运动员或者学生校队成员在平时总是出类拔萃，但是一到正式赛场上，取得的成绩却并不尽如人意，很多教练、教师包括学生自己都发出疑问，为什么平时状态很好在正式比赛中却难以发挥出水平呢？这一问题困扰着许多教师、教练员、运动员和体育工作者。原因在于他们没有真正理解运动技能项目的特征。正式赛场上外界环境瞬息万变，自身发挥受环境干扰较大，除了要熟练掌握一般技术，预判能力和决策能力也显得非常重要。要引导学生思考和分析，教学方法的选取有很大的借鉴意义，也有一定的实践意义。

在学校体育改革逐步深入的背景下，探寻更多行之有效的教学方法或教学模式的实证研究对学生运动技能的学习和兴趣爱好认知能力的培养具有重要的意义，也符合新课标下教学创新的指导思想。

随着学校教育改革和体育改革的逐渐深化，高校体育工作一直都在探索新的教学方法，健康第一、以人为本的教育理念是现今体育教学课程的指导思想，也是时代发展的必然趋势，应充分发挥学生的主体性，把学生作为教育教学的出发点，提高学生的体育素养，挖掘并开发学生的潜能，促使学生快乐地学习。教育部门和教师都清楚滔滔不绝、按部就班"满堂灌"的教学方式已经不能满足现在教学的需要，而应发展学生自主性、创造性。运动技能是运动技术的高级进阶名词，在体育教学中，单纯的技术讲解不利于学生掌握运动技能，各种新型的教学法在体育教学中比比皆是，各有优、缺点。

八、体育教学评价

教师的评价反映了学生学习情况，及时的评价有利于学生对知识和技能的掌握，准确的评价则有利于激发学生学习的热情。体育教学评价对体育教学至关重要，是学生上体育课的指挥棒，如果评价不科学，就会影响学生的学习积极性，因为一个集体是否团结友爱、保持上进精神，与这个集体是否公正有非常大的关系，如果教学评价出问题，那么优秀的学生将不会再努力，不优秀的人则会在学习上投机取巧，不利于教学活动的开展。改善学生体质健康水平与促进学生全面发展是高校体育工作的最终目标。要建立高校学生体质监测与评价体系，建立学生体质监测中心，每年对学生进行体质健康测试，将测试成绩反馈给学生，并列入学生档案。

　　高校体育教学评价机制的确立是有效开展学校体育评价工作的前提，只有建立了稳定有效的评价机制，才会对相关执行效果进行检验，从而督促执行人员严格执行。高校体育教学也需要建立一套评价机制，以及时发现体育工作中存在的问题，促进体育教学工作的顺利执行。教育部于 2017 年颁布实施的《高等学校体育工作基本标准》则是对高校体育工作评估、检查的重要依据。高校体育教学评价内容如表 4-1 所示。

表 4-1　高校体育教学评价内容

评价项目	评价内容
体育工作规划与发展	指导思想与发展规划
	组织机构管理
	工作规章制度
体育课程设置与实施	体育课程设置
体育课程设置与实施	教学文件与制度
	教学研究与改革
	教学质量监控与评价
课外体育活动与竞赛	课外体育锻炼
	学校体育竞赛
	课余体育训练
学生体质监测与评价	学生体质健康测试的实施
	学生体质健康测试的应用
	学生体质健康指导
基础能力建设与保障	体育经费
	师资队伍建设
	体育教学条件

　　高校体育教学评价的目的是更好地改进体育教育教学，从这个角度上说对学校体育教学工作的评价不仅仅是为了"评价"，而是要在评价之后给予反馈，评价反馈的程度将直接影响高校和学生对学生行为的调整和把控。

正如对学生学习的评价是通过评价结果——考试成绩一样，对高校体育教学工作的评价结果也应纳入对相关主体的考核范围，这样才能更好地发挥评价的激励作用。高校体育教学评价主要是对学校体育教学主体和学校体育工作开展的评定，由于工作人员在学校体育教学中处于核心地位，其主观能动性直接影响学校体育教学活动的开展，所以对学校体育工作主体的评价是最核心的部分，而评价结果如何运用就成为评价中的重要一环。

建立高校体育教师教学学术的激励机制。高校体育教师教学学术激励机制与职称晋升、学术资源分配等密切相关，而体育教师教学学术激励机制中最有价值的部分是声誉和学术地位。充分利用好激励制度，就可以由外而内地促进体育教师的体育教学学术活动，也可以提高高校体育教师对于教学学术的兴趣，使其乐于参加体育教学学术活动，可以自信地与同行们进行交流探究。所以，在发展激励制度时，要更好地解决问题，制定评价标准时，要以增加高校体育教师教学学术成果为主，让擅长体育教学的教师在评定职称时，有一定的话语权，并怀抱希望，让他们不至于对自己热爱的行业失去兴趣。在当下，国内也有个别关于教学的奖励是针对特别优秀的体育教师的，但仔细一看就会发现，得奖的并不是默默无闻、只注重体育教学的教师，而是一些专家教授。科研与教学的评价标准差异，使得教学评奖力度一直落后于科研评奖，整体地位得不到提升。因此，通过建立体育教师教学学术的激励机制、增加体育教师评选的名额、多投入资金等措施，使高校体育教学学术发展拥有坚固的外部保障，也将有力地推动高校体育教师在体育教学实践层面上积极展开体育教学研究和交流。

改善高校体育教学评价可从两个方面进行：第一，改进评价方式。首先，要对现有的评价标准进行梳理，目前高校对教师的评定主要以科研论文的发表为主，缺乏对工作开展方面的评价。其次，要注重多种评价形式并存，建立诊断性评价、形成性评价和终结性评价三位一体的评价结构，共同促进高校体育工作开展；第二，进行激励机制建设。从目前高校体育工作及关于政策执行实证的调查来说，激励机制的缺乏成为限制其发展的重要因素。要树立这样一个观点，即高校体育政策所涉及的相关主体从本质上来说都是自然人，这就需要调动他们的主观能动性，激励机制就是有效的办法。所以有必要在高校体育工作和政策执行方面，引入激励机制，通过奖惩等手段促进高校体育政策的顺畅执行。

第五章　高校体育教学的功能解析

随着社会的发展、科技的创新与进步以及对客观世界、对自身认识的不断深化，人们对于健康越来越重视，对身体健康的要求越来越高，也逐渐意识到心理健康在人的整体健康中具有重要意义。高校体育教学具有健身、健心功能，将对大学生产生积极影响。本章分为高校体育教学的健身功能和高校体育教学的健心功能两个部分，主要包括高校体育教学能让大学生拥有健康强健的体魄、培养大学生的健身意识、满足大学生健身需求的健身功能，高校体育教学也具有促进大学生心理健康、缓解大学生社交焦虑、培养大学生群体意识的健心功能。

第一节　高校体育教学的健身功能

一、让大学生拥有健康强健的体魄

体育教学的健身功能首先表现在强身健体方面，健身功能也是体育育人功能最为基础也是最为直接的功能。拥有一个健康强健的身体是实现人的全面发展的必要条件之一，也是一个合格人才所要求的重要素质之一。而高校体育担负着国家交付给体育教学的重要任务，也是培养合格人才的重要保障。健身功能贯穿于整个高校体育教学的始终，不管高校体育今后往哪个方向发展，健身功能都是作为体育育人功能中最为显著的功能而存在的。高校体育能够通过体育技能教学和训练来引导学生进行体育锻炼，强身健体，从而最终达到让学生拥有健康强健的体魄的目的。

在大学阶段，大学生的身体正处于适应能力和生理机能等各项机能高水平稳定发展的关键阶段。而在这个阶段，高校体育能够引导大学生正确认识体育及其重要性，从而在意识上树立终身体育的思想，自觉主动地参加体育活动，通过各项体育技能的训练，促进大学生身体的正常生长发育，从而使大学生在训练实践过程中塑造强健体魄和健康体型，形成正确的、良好的身体姿势。日常的体育活动能让大学生锻炼身体的各项机能，提高大学生身体适应能力，尤其是提高大学生对陌生环境的适应能力，提高身体的各项生理机能，从而增强身体免疫力，提高对各种疾病的抵抗力，最终实现全面加强和发展大学生身体素质的目的，为实现终身健康的最终目标奠定基础。

二、培养大学生的健身意识

意识是通过心理引导的相对系统的整体，是人的一种心理体验。健身意识，是指人们参与体育锻炼过程中对体育健身重要意义的一种肯定，同时也包括思想观念及心理活动。当前，健身理念慢慢在中国传播开来，越来越多的人开始有了主动锻炼、健身的意识，健身人群大幅增加，健身行业处于起步阶段并有一个快速发展的前景。然而，由于以往大家在健身上的花费并不多，健身房的费用对于大多数人来说是一笔不小的开销，而且，在健身房锻炼在便利程度上相对不如其他的健身方式。

大学生体育健身意识对于锻炼者具有积极的促进作用，通常体现在学生对于体育锻炼的自觉性和评价等方面。大学生正处于培养良好健身意识的关键期，这一时期的学生在身心方面都逐渐趋于成熟和稳定，对不同的事物都有自己的看法和意见，所以在这一时期培养良好的健身意识是非常重要的。学生对体育运动重要性的认识对其是否能够积极参与到体育运动中去有着很大的影响。

很多高校大学生有健身习惯，大学生的健身方式包括球类运动、游泳、骑行、健身操或舞蹈、健走、跑步等，他们对健身知识有一定的了解，也积累了一定的健身经验，形成了长期运动的健身习惯和健身意识。大学生健身是为了增强体质和心肺功能，从而改善个人的运动表现和精神状态，有利于维护未来的身体健康。

近年来互联网的发展相当迅速，由此孕育出的健身类 App（应用程序）让健身变得更方便，也让初学者对健身有了更直接的认识。伴随着手机移动客户端的发展，体育产业步入了"互联网＋"产业井喷的大潮流，"互联网＋体育"产能的慢慢提升和健身类 App 主要用户的不断发展，通过网络承接新生代现实运动的浪潮在慢慢兴起，已经开始渗入老百姓的日常生活。自此，健身 App 以它独有的优势和特征吸引着当代大学生的目光，大学生群体逐渐也把它融入自己的日常健身中。

以下将以健身 App "Keep" 为例，说明高校体育教学是如何将健身

App "Keep" 融入大学体育课堂教学的。首先，"Keep"可以给大学的体育老师提供一个健身专业动作的教学，帮助体育老师改进和优化自己的教学方案，把更好的体育课程提供给学生；其次，大学生能够在课后通过它复习上课时的动作，把动作做得更准确，更有效率地参与健身活动。体育老师还能通过这个软件给学生布置课外健身课程，让学生不仅在体育课上有锻炼的机会，还能在每周抽出固定的时间来完成课余健身任务。高校应该多鼓励这些利用现代技术的教学试验。

每个高校的体育场馆、健身场馆等分布各不相同，如果想更好地让"Keep"等健身 App 服务于体育教学，各个高校应主动与"Keep"进行合作。首先，针对自己高校的体育场所分布和器械设施的拥有状况来寻求"Keep"为其提供的个性化教学课程服务；其次，能够让更多的学生开始使用"Keep"，在同学之间可以形成一个良好的相互影响，能更好地激励平时不爱运动的同学参与到运动中。

"Keep"中有专门针对一个人身高、体重、体脂等基本健康数据的指标，同时可以记录用户每次运动的时间和运动的类别等，原始数据可以保留。因此，高校除了每年的体测之外，在平时的生活中也应该加入一些小测试，通过"Keep"来监督学生的完成情况，让学生多参与运动。这样既不用消耗很大的人力、物力，还能发现学生在完成小体质测试过程中的难点和问题所在，以便更好地安排后继的教学指导任务。

三、满足大学生健身需求

大学生从事体育锻炼的频率和时间间接地反映了学生对体育健身的重视程度。大学生体育健身意识决定了他们对于体育锻炼的心态，心态又决定体育健身需求，对健身需求大的学生会比较重视体育健身。

（一）大学生体育健身需求分析

1. 体育健身知识

体育健身知识是体育锻炼知识和体育卫生保健知识的统称，是指可以指导人们更加科学、有效地进行体育锻炼活动和体育保健、体育卫生的基础性原理、方法。体育健身活动要想起到强身健体的功能，离不开对体育健身知识的学习与掌握。科学、合理的健身活动能够使身体强健、体型优美，而错误、盲目的健身活动不仅起不到健身的效果，还有可能使身体受到一定的损伤，所以，掌握科学的健身方法并对健身活动后的运动效果进行有效的评估，才是体育健身活动的关键之处。大学生在学习和掌握了健身理论知识之后，再将其投入实践，才能够收获想要的健身效果，否则锻炼的效果可能会事与愿违。

体育健身知识作为高校大学生从事体育健身的基本条件，能够帮助大学生更全面地认识体育健身运动，也能够在大学生运动过程中起到指导性作用。高校大学生的体育健身知识需求包括对训练学知识、运动损伤的预防及康复、运动营养的搭配、体育常识、人体结构知识、人体运动生理反应的相关知识和体育发展史等相关知识的需求，也反映出高校大学生对于在体育健身活动过程中有效预防身体损伤和损伤后恢复方面的知识有非常强烈的需求。合理的营养膳食搭配是除体育健身运动之外，可以有效保持身体健康的方法，高校大学生对体育健身知识的需求呈多样化。

科学健身知识包含训练、营养、康复等很多因素，现在网络也非常发达，健身相关知识传播也是鱼龙混杂的，对于本身不是体育专业的学生来说，有效分辨信息的真实可靠性是不容易的，科学健身知识的匮乏也会影响学生的运动效果以及成就感，造成不必要的伤病，以至于逐步减少体育健身需求，对大学生体育健身起不到积极促进作用。高校需要加强对科学体育健身知识的传播，加大对大学生体育健身运动的指导，大学生也要提高对科学健身知识的重视，深刻认识科学健身知识的指导意义，主动学习科学健身知识，这也为科学、有效地进行健身活动起到铺垫性的作用，避免盲目进行体育锻炼活动，造成不必要的伤害。

2. 体育健身运动场地

伴随着全民健身理念的推广，一些高校学生不再仅仅满足于校园内部的体育运动场地，而是将运动场地向校园外扩展，出于体育锻炼项目的需要，开始选择健身房、球类运动场馆等更为专业的体育场馆进行健身活动。

高校大学生在选择健身活动场地的时候，"便利性"成为首要因素。在运动场地的选择上，男女生略有不同。男生对于体育运动场地的选择依次是校内场馆、社会场馆和广场公园，而女生对于体育运动场地的选择则依次是校内场馆、广场公园和社会场馆，也有学生会选择一些商业性的健身房。

由此可以看出，高校大学生在运动场地的选择上以校内的体育运动场馆为主，这主要是由于校内的体育运动场馆较为便利，可以就近进行一些锻炼活动。愿意到收费性的校外体育运动场馆进行体育锻炼的学生占比偏低，这与高校大学生的月均生活费高低、社会体育锻炼场馆的消费水平高低都有一定的关系；选择到公园、广场进行体育健身活动的高校学生占比也较小，这主要是由于公园和广场等健身场所在环境、设施的配备等方面都不理想。因此，高校体育健身场馆的环境、数量会对大学生们参加体育活动的积极性产生很大影响，高校应当重视大学生们对于体育运动场地的需求，延长体育运动场馆的开放时间，为高校大学生创造一个良好的体育健身环境，确保大学生能够"有地方"进行体育健身锻炼活动。

3. 体育健身运动心理

心理因素是人们为了满足需求而进行某种活动的重要推动力。高校大学生进行体育健身活动的心理因素是促进大学生长期坚持进行体育锻炼的内在动力。高校大学生参加健身活动的五项心理需求因素分别是审美需求、兴趣、健康需求、社交需求、其他。高校大学生进行体育健身活动的主要心理因素是审美需求，大部分学生都希望能够通过健身锻炼来达到强身健体、增强体质的目的，一些大学生受遗传因素的影响，在身高或者体质等方面都不是非常理想，他们希望能够通过体育健身锻炼活动实现强身健体或体型更美的目标，让自己更加自信并更有成就感，对自己以后的人生发展能起到积极性的作用。

4. 体育健身运动项目

高校学生对体育运动项目有着多样化、现代化的需求，各高校也依据时代变化引入多样化的体育教学内容，如户外活动等，乒乓球、羽毛球、网球等小球类项目也开始在校园中流行起来。

在大学生最喜爱的体育运动项目中，排在第一的项目是跑步，其次还有健身操、篮球、足球等。跑步是最受欢迎的一项体育运动。虽然跑步本身相对枯燥，不容易受人喜欢，但是跑步不受运动场地和时间的约束，运动量大小可以自由掌握，技能要求相对较低，因此广受学生喜爱。男生偏爱球类运动，女生更喜欢具有娱乐性、审美性的运动，这主要由男女生的性格特点和生理因素所决定。此外，一些小球类项目也很受学生喜爱，尤其是网球和羽毛球，因为这些运动项目不受年龄、运动量等因素的限制，大多数人都能从中感受到乐趣。

5. 体育健身指导

随着体育运动知识的不断普及与更新，多数高校大学生在进行体育锻炼时都需要体育健身指导。高校大学生除了日常的体育课之外，很少甚至于不参加体育活动，不懂得如何选择适合自己的健身项目、缺乏健身锻炼的基本运动技能、对体育锻炼科学知识缺乏了解等也是他们不愿意参加体育健身活动的主要因素，所以这部分大学生也希望在参加健身活动时，能够有一些专业性的老师给予指导，能够在健身过程中进行一些咨询，得到更多帮助。也有部分大学生相对比较了解体育健身活动的常识，而且独立性较强，喜欢根据自己的喜好来选择体育健身项目，只要条件具备，就能够独立自主地进行体育锻炼，不喜欢由别人来主导自己的健身锻炼。还有一部分高校大学生也不需要健身指导，这是因为他们有着比较强烈的健身意识，在日常生活中对于健身锻炼的活动也非常热爱，有相对固定且熟悉的体育健身运动项目，在锻炼过程中不需要寻求相关的指导。

6.体育健身供给

需求与供给是不可分割的。体育供给包含有偿供给与无偿供给。无偿供给通常是指体育产业部门为社会群众提供的免费或优惠的体育劳务或服务等，如校园体育教学、业务体育培训等。此类产品的供给通常面向全社会，百姓可以无偿或者以优惠性的价格来获取。运动场地及器材是体育健身活动中必不可少的。高校应提高对校园体育基础设施建设的重视程度，从而使高校大学生对体育运动器材和场地的需求得以满足。

由于大学生具有个体差异性，每个人都有自己的健身目标，他们的健身需求也是多样化的，体育供给的多样化可以很好地满足这种多样化的需求。有的同学也许认为自己学校的运动场地及器材并不能满足其个人的最佳需求，自己无法更好地达到运动目标，所以体育供给对需求的影响是很大的。

我国目前高度重视全民健身以及高校大学生身体素质，能够将一些教育经费投入高校的体育基础设施建设方面，大学生应当珍惜学校的体育资源，选择一些适合自身条件的体育锻炼项目，对业余时间进行合理安排，抽出一部分时间锻炼自己的身体机能。一些新的体育运动项目使学生们不再满足于田径场和篮球场这样的运动环境，所以，高校需要与时俱进，将更多经费投入校园体育基础设施的建设，从而使大学生多样化的健身需求得到满足。

7.体育健身课程

体育课是高校体育供给的一个重要组成部分，对一部分同学来说，每周安排的体育课能够满足他们对于体育健身的需求，可是对另一部分同学来说，这样的安排并不能满足他们对于体育锻炼的需要，还需要一些课外体育锻炼活动作为补充。高校安排的体育课程基本能够满足大学生们的健身需求。学校体育课程内容丰富，教学气氛也相对轻松，每个同学的体育健身需求不同，对自身要求高低也不同，因而对体育课态度也会不同，所以因人而异地制订训练计划就显得格外重要，这样的体育课也会满足更多同学的健身需求，因此，体育课对学生的体育健身需求也会有积极的促进作用。大学生也应科学、合理地安排课外时间，选择一些自己比较感兴趣的体育锻炼项目，增加自己的体育锻炼时间。学校在进行体育活动安排时，可以选择丰富有趣的运动项目，如定向越野、体育舞蹈等形式较为新颖、学生喜爱度较高的体育运动项目，体育教师也要不断地进行学习"充电"，使自己的专业知识得到扩充，同时也应该更多地了解体育相关的前沿信息，如国内外赛事的战况、比赛中的趣闻等，这样在教学过程中能够带给学生更多的新鲜感，让学生在体育课程中感受到体育带来的乐趣。

（二）满足大学生体育健身需求的途径

加大对体育健康知识的宣传，促使学生科学地进行体育锻炼。学校应当提高对高校大学生身体素质的重视程度，在校内安排健康月、健康日等活动，通过海报、展板等有效地传播体育健康知识，不定期地开展健康知识讲座活动，在教学中为学生讲解体育保健、运动损伤、营养搭配等方面的知识，使学生能够更加科学地进行体育锻炼，避免因为盲目锻炼而造成一些不必要的损伤。

根据学生体育健身需求，深化体育教学改革。将"健康"作为高校体育教学工作的指导思想，在教学过程中，根据不同年级学生的需求特点，安排相应的教学内容，在教学内容的安排上也应当呈现多元化，不应当局限于一些传统体育健身活动，可以增加一些新颖的体育项目，提高体育活动的趣味性和娱乐性，例如，可以在校内不同院系之间或者不同学校之间组织一些体育知识有奖问答活动，使学生们在准备比赛的过程中学习体育健康知识；还可以开展一些趣味比赛活动，通过比赛的形式将知识与实践相结合，将理论应用于实践，进而使学生们能够在体育健身的过程中感受到体育运动的快乐。把培养大学生自主进行体育运动能力，作为高校体育教学工作的长期目标。

重视健身指导需求，提高学生体育健身活动参与度。高校应当注重大学生对于健身指导的需求，在课余时间，可以安排部分体育老师在体育运动场馆进行健身指导工作，帮助一些体育运动匮乏的学生结合自身的特点，选择适合自己身体状况的健身活动，同时帮助他们制订一份长期的健身锻炼计划，通过循序渐进的方式增大运动量，并讲解健身锻炼技能和保健知识，从而使学生的体育锻炼活动更加有效，通过这样的方式吸引一些对体育锻炼缺乏信心、兴趣的大学生参与体育锻炼，与此同时，还可以纠正其他学生在锻炼中存在的误区，提高他们的锻炼效率，通过这样的方式提高大学生体育健身活动的参与度。

增加高校的体育健身供给，使学生多元化的健身需求得到满足。首先，各高校需要提高对于体育基础设施的投入，建设一些专项的体育运动场地。同时，学校也要重视体育健身服务工作，开展体育健身咨询，配备专业的体育健身指导老师，在体育健身方面给予高校大学生更专业的指导。有机会可以利用社会企业的投资完善高校的体育运动环境。

第二节　高校体育教学的健心功能

一、促进大学生心理健康

（一）发展智力

1.促进大脑的开发与利用

学生参与体育活动可以使神经系统的兴奋和抑制过程更集中，使机体对内外刺激做出迅速而准确的反应，从而为智力的发展奠定基础。体育教学可以使学生的右脑得到充分锻炼，从而提高其记忆力和思维能力。

体育教学尤其是体育实践课教学可以促进学生的血液循环，提高其呼吸系统功能，为大脑提供充足的养分，从而提高记忆力和想象力，提高大脑工作效率。

2.降低应激反应

应激原意是"对刺激的反应"，主要指个体对超越其应变能力，危及其健康的压力环境进行评价后的反应。当个体所感知的环境要求和他所认为的自我能力之间不平衡时，应激反应则会出现。体育教学可以降低应激反应，降低心率和血压，从而使特定应激源对学生生理的影响不断减小。

3.消除疲劳

疲劳是一种与生理和心理有关的综合症状。在体育课中，由于体力活动与脑力活动不断交替，导致运动神经中枢兴奋，使得与文化学习有关的中枢得到积极休息，从而有效消除了在脑力劳动中产生的疲劳，提高了学习效率。另外，体质的增强和健康水平的提高能够使学生保持充沛的精力，能够提高其持久承担文化学习任务的能力，使其学习潜力得到充分的挖掘与开发。

（二）改善人际关系

体育教学可以打破人际交往的封闭状态，学生在体育学习中相互信任，进行情感和信息的交流，产生默契，建立和谐的人际关系。研究表明，与社会密切联系有利于个人心理健康的发展。学生可在体育教学中认识更多的同学，并与大家和睦相处，友爱互助，建立良好的人际关系，这会使学生心情舒畅、精神振奋，对学生的身心健康十分有益。

（三）消除心理障碍

现代社会竞争十分激烈，学生的学习压力也很大，一些学生在学习中不堪重负，产生了悲观、失望的情绪，进而导致忧郁、孤独等各种心理障碍。体育教学有助于学生摆脱消极情绪，消除心理障碍，使学生保持心理平衡，维持心理健康。

学生在体育教学中参加体育运动并坚持锻炼，不仅可以改善自身的生理机能、身体素质，而且会掌握并发展一些体育相关的技术技能。取得这些成绩后，个体会以自我反馈的方式将信息传递给大脑，从而产生自我成就的体验，产生愉快、振奋和幸福感。

体育锻炼在消除焦虑、治疗抑郁症等方面的作用与功能已经得到了很多人的认可。焦虑和抑郁是两种最常见的情绪困扰，体育锻炼能有效减轻焦虑和抑郁症状。学生在学习与生活中的焦虑情绪可以通过体育锻炼得到有效缓解，从而保持健康的心理状态。

二、缓解大学生社交焦虑

（一）大学生社交焦虑差异性分析

大学生处于人生发展的特殊阶段，面临着学业及就业等多重压力，很可能会使社交焦虑问题逐渐加重。

1. 性别差异

不同性别大学生在社交焦虑程度上有差异，女生社交焦虑总体高于男生；女生在社交情境中回避行为维度上高于男生，女生在社交苦恼感受维度上高于男生，女生在交往焦虑的纯粹主观感受维度上高于男生。虽然男女性趋于平等化，但女性仍然处于弱势群体，在生活工作或其他方面，女性都很容易产生危机感，因此，在社交情境中，女性在主观上较容易产生焦虑的感受。

2. 年级差异

不同年级大学生在社交焦虑程度上也有差异，在社交回避及苦恼维度上，大四学生高于其他三个年级并达到了显著水平，但在社交苦恼感受和交往焦虑的纯粹主观感受上，大二学生高于其他三个年级。造成这一差异的原因是大四的学生在毕业和就业的双重压力下会频繁地接触新的社交环境，在新环境的刺激下，大四的学生会产生回避行为；大一学生刚刚进入校园，对新的校园生活充满兴趣，能够在校园内根据自己的兴趣爱好参加各种各样的校园活动，社交范围也较广；大二、大三的学生已经逐渐适应了校园生活，慢慢形成了较为稳定的社交圈，大二、大三的学生多处于自己较熟悉的社交情境中，回避行为较少，大二学生在社交苦恼感受和纯粹的主观感受上高于其他三个年级，可能是由于虽然已经逐渐适应校园生活，但部分学生并没有和其他学生形成良好的人际关系，因此会觉得自己在社交时存在一些不足，从而产生苦恼的感受。

3. 独生子女差异

在大学生群体中，很多大学生是独生子女，独生子女的社交焦虑程度高于非独生子女。非独生子女在处理社交问题时的能力优于独生子女，非独生子女在兄弟姐妹的陪伴下长大，更会处理人与人之间的关系。独生子女虽没有兄弟姐妹，但同样有父母、老师或者其他伙伴的指导和照顾，有助于培养其社交能力。独生子女要珍惜每一次与其他人交流沟通的机会，体会其他人的感受，这样也能在社交能力水平上接近非独生子女。

4. 身份差异

普通身份的大学生在社交焦虑各维度上均高于担任学生干部的大学生，原因可能是学生干部自身的沟通能力和人际交往能力往往高于普通学生，能够胜任学生干部职位，能够协调好教师与学生的工作。学生干部这一职位的特殊性会使担任干部的学生获得更多与其他学生和老师交流接触的机会，同时还要承担学校所下达的相关工作任务，这一经历使其在积累了社会经验的同时，更锻炼了社交能力和技巧，久而久之，学生干部的人际交往能力和社交技巧都能够得到很好的提升，而普通学生却没有这样的机会，大多数普通学生的社交范围较窄，参加各种活动的机会也比较少，社交能力得到不到锻炼，因此在人际交往方面的焦虑程度会高于担任学生干部的学生。

5. 社团参与情况差异

已经加入社团的大学生在社交焦虑各维度上均低于没有加入社团的大学生，原因可能是加入社团的大学生自身社交焦虑低，敢于尝试新鲜的事物、环境和组织，更希望在新的组织中获得更多的交流机会；同时，加入社团的大学生扩大了自己的社交范围，并且在社团中担任不同的角色，有机会参加社团组织的一系列活动，增加了与他人交流的机会，在这一过程中，学生对社交情境表现得更为主动，不会存在回避行为，一旦面临困难也会想尽办法去解决，不会知难而退，而是总结经验，改变自己的交往方式从而提升自己的社交能力。

没参加社团的学生，缺少类似提升自己社交能力的机会，在遇到类似情况时，会出现回避行为和苦恼的感受，因此，没加入社团学生的社交焦虑程度高于加入社团的学生。

6. 生源地差异

来自不同生源地大学生的社交焦虑也有所差异，生源地为农村或乡镇的大学生在社交焦虑各维度上均高于生源地为城市的大学生，原因可能是乡村和城市生活环境存在差异。从小在城市里长大的学生早已熟悉城市里的生活环境，家庭生活条件和经济状况要好于生活在乡村的学生，在进入大学后，能够更快地适应大学生活和学习环境，而来自乡村的学生进入大学后，生活学习环境发生了巨大变化，新的同学、事物及环境会给其带来新的挑战，部分学生会产生自卑心理，在社交情境中产生回避行为，甚至会担心其他同学看轻自己，产生苦恼的感受。但另一部分学生从小到大四处求学早已经习惯学习生活环境的变化，对新环境的适应也会较快。随着我国经济的飞速发展，部分乡村城镇化加快，乡村学生的学习生活环境也随之发生变化，他们比以往更容易适应城市的学习生活环境，所以会很快融入新的校园生活，因此生源地为城市和乡村的学生在社交焦虑等维度上不存在显著性差异也是很容易理解的。

7. 学习成绩差异

学习成绩不同的学生在社交焦虑程度上也存在差异，学习成绩中等的大学生在社交焦虑各维度上均低于学习成绩较好和较差的大学生，但没有达到显著水平。原因可能是学习成绩较好的学生会把更多时间投入学习中，社交活动相对较少，一旦处于社交情境中，较容易产生回避的行为，在与其他学生交往时较容易产生自负的心理，无法正确处理同学之间的关系，容易产生社交苦恼的感受；学习成绩较差的学生在社交情境中可能会产生自卑心理，担心其他同学会因为自己学习成绩差而产生抵触心理，尽可能地回避一些社交场合，在社交情境中会害怕他人的负面评价，较容易产生社交苦恼感受。

8. 专业差异

不同专业大学生在社交焦虑程度上存在差异，艺体类专业的大学生在社交回避行为、苦恼感受、社交回避及苦恼上均低于理工类和文史类专业的大学生，在交往焦虑的纯粹主观感受上低于理工类及文史类专业，原因可能是艺体类专业学生的课程学习内容与其他专业存在较大区别，艺体类专业课程开放性较强，尤其是体育类专业的学生参加体育锻炼的频率、强度及时间都明显高于其他专业，能够在一定程度上影响学生的心理健康程度，学生的性格特点也比较活泼开朗，在参加体育锻炼时需要与其他队员做好沟通，团结协助，社交能力更强。

9. 家庭环境差异

（1）父母学历差异

大学生社交焦虑程度会因父母学历的不同而不同，父母学历存在差异的大学生在社交回避行为、苦恼感受、社交苦恼上均没有达到显著水平，原因可能是父母学历与人际交往无直接关系，无论何种学历的个体都能够与他人沟通，建立良好的人际关系。不同学历的父母对子女的教养方式可能存在差异，但在对子女人际关系处理的教育方式上都大致相同，父母都希望自己的子女有良好的人际关系，当大学生在社交方面遇到问题向父母求助时，父母多会根据自己的经验给予女一些合理建议，但大学生多数时间生活在校园内，在遇到社交问题时多会根据自己的方式去解决问题，因此，父母的学历对子女的社交焦虑影响并不大。

（2）生活费用支出差异

大学生社交焦虑程度会受每月生活费用支出的影响，每月生活费用较高的大学生在社交回避行为上低于每月生活费用较低的学生，但差异没有达到显著水平，在苦恼感受、社交回避及苦恼及交往焦虑的纯粹主观感受上存在明显差异，每月生活费用较高学生的焦虑水平明显低于每月生活费较低的学生，均达到了显著水平。原因可能是每月生活费用较高的学生有更多机会参加社交活动，日常消费支出也较高，也较容易获得满足感。每月生活费较低的学生在参加类似社交活动时，会考虑自己的生活费用是否充足，如果生活费用不足就会出现回避行为，因为费用问题无法参加社交活动也会影响大学生社交焦虑的苦恼感受，在日常消费方面，每月生活费用较少的学生更加节俭，在看到其他同学购买物品而自己却因费用不足无法购买时，会产生自卑心理，担心其他同学对自己的负面评价，产生社交焦虑。

10. 自我评价差异

大学生社交焦虑程度会受相貌身材满意度的影响，对自己相貌及身材感到满意的大学生在社交焦虑各维度上与对自己相貌身材不满意的学生存在差异，均达到了显著水平。相关研究结果表明，社交焦虑受到外表评价和健康健美评价的显著影响。原因可能是对自己相貌身材感到满意的学生，在与他人交流或出现在公共场合时会更加自信，不会担心他人对自己的相貌身材做出负面评价，表现得更为放松自然，对于相貌身材感到中等程度满意和不满意的学生在与他

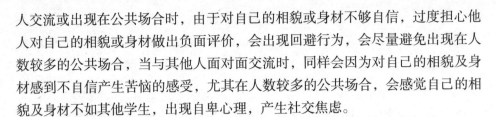

人交流或出现在公共场合时，由于对自己的相貌或身材不够自信，过度担心他人对自己的相貌或身材做出负面评价，会出现回避行为，会尽量避免出现在人数较多的公共场合，当与其他人面对面交流时，同样会因为对自己的相貌及身材感到不自信产生苦恼的感受，尤其在人数较多的公共场合，会感觉自己的相貌及身材不如其他学生，出现自卑心理，产生社交焦虑。

11. 身体健康程度差异

大学生社交焦虑程度会受健康程度评价的影响，对自己健康程度感到满意的大学生在社交焦虑各维度上与对自己健康程度感到一般和较差的大学生存在差异，均达到了显著水平。原因是身体健康程度是个体健康程度的外在表现，对自己身体健康程度评价较为健康的学生在日常的学习生活中或社交活动中表现得更积极主动，对自己身体健康程度评价较高的学生也会参加更多的体育锻炼，促进身体健康程度和自信心的发展，出现回避行为的可能性较小，在与他人交流时更主动，较容易与其他学生建立良好的人际关系，避免出现苦恼感受。对自己身体健康程度评价一般或较差的学生在处理社交问题时，由于感觉自身身体健康与其他同学存在一定差距，会尽可能地回避社交情境或公共场合，在与他人进行交流时较容易产生苦恼的感受。

12. 人际关系状况差异

大学生社交焦虑程度会受人际关系评价的影响，对自己人际关系评价良好的大学生在社交焦虑各维度上与对自己人际关系评价中等和较差的大学生存在差异，均达到了显著水平。原因是人际关系好坏能够有效地反映个体的社交焦虑程度，良好的人际关系是个体社交能力的外在表现，良好的人际关系无论在校园的学习生活和毕业后的工作中都有着十分重要的作用。拥有良好人际关系的大学生在人际交往时能够顾及其他学生的感受，较容易与其他学生建立良好的人际关系，在遇到社交问题时处理得当，能够得到其他同学的支持和响应。对自己人际关系评价中等或较差的大学生，或多或少存在一些回避行为、苦恼感受，遇到社交问题时处理不够得当，以致不能与其他人建立良好的人际关系，人际关系中等或较差的学生在与其他学生交流时会产生苦恼的感受，易产生回避行为，人际关系始终不能得到改善。

13. 体育锻炼行为差异

大学生社交焦虑程度会受体育锻炼频率的影响，体育锻炼频率较高的大学生在社交焦虑各维度上与体育锻炼频率较低的大学生存在差异，均达到了显著水平。研究结果表明，每周进行三次以上的锻炼可以改善大学生的社交焦虑状况。原因是参加体育锻炼频率较高的学生拥有良好的体育锻炼习惯，更愿意把课余时间投入体育锻炼中，拥有健康的生活方式，参加体育锻炼的场所多为开放的区域，通常会有很多人聚集，经常参加体育锻炼的学生不会刻意考虑其他人是否关注自己，即便是很多人观看也不会产生社交焦虑。体育锻炼能够有效地缓解个体的负面情绪，是发泄不良情绪的良好方式，参加体育锻炼的频率越高，其负面情绪就越低。参加体育锻炼频率较低的大学生，可能会因体育锻炼场所人数过多而害怕在其中进行锻炼，担心自己的某一动作会引起他人的注意，并会因担心他人做出负面评价而产生社交焦虑。

参加大强度体育锻炼和小强度体育锻炼的大学生在社交焦虑程度上低于参加轻微强度体育锻炼和中等强度体育锻炼的大学生，均达到了显著水平。参加大强度体育锻炼（篮球、羽毛球等）的学生，由于其项目需要多人参与，会在运动的过程中无意识地融入竞争和合作，能够合理地解决竞争和合作的关系，融入体育锻炼的环境。小强度的体育锻炼（慢跑、太极等）运动负荷虽不大，但能够使大学生感到放松，能够有效缓解不良情绪。

大学生社交焦虑程度会受体育锻炼时间的影响，体育锻炼持续时间较长的大学生社交焦虑程度低于每次体育锻炼时间较短的大学生，均达到了显著水平。原因是体育锻炼能够促进大学生身心健康发展，每次参加体育锻炼的时间要有保障，每次锻炼时间较短则无法促进身心健康的发展，短时间的体育锻炼仅仅是身体的简单活动没有达到释放不良情绪和促进身体健康的效果，每次锻炼时间较长的大学生在体育锻炼中可以释放自己的不良情绪，从运动获得愉悦的心情和满足感，每次参加体育锻炼时间较短的学生则无法获得满足感，短时间的体育锻炼无法对生理和心理上产生积极的影响，通过适量的运动时间才能有效缓解社交焦虑的状态。

大学生社交焦虑程度会受体育锻炼同伴数量的影响，体育锻炼同伴数量较多的大学生社交焦虑程度低于体育锻炼同伴数量较少的大学生，均达到了显著水平。原因是与较多同伴一起参加体育锻炼时，大学生彼此会建立良好的人际关系，可能在锻炼过程中找到共同感兴趣的话题，有固定的体育锻炼同伴有助于大学生坚持参加体育锻炼，在参加体育锻炼的过程中建立友谊，达到相互信任、相互支持理解的目的，在学习生活和人际交往中遇到问题时，大学生会彼此分享自己遇到的困难，并提出解决问题的办法，因此，拥有较多体育锻炼同伴的大学生出现社交焦虑的问题较少，没有体育锻炼同伴或锻炼同伴较少的大学生由于没有可信任的同伴，遇到问题时不能从其他同伴处获取建议，只能根据自己的行为方式去解决，难免会遇到处理不当的情况，因此，有较多的体育锻炼同伴能够缓解大学生社交焦虑的问题。

（二）缓解大学生社交焦虑的建议

加强宣传社交焦虑的危害性和体育锻炼对身心健康发展的促进作用，通过开展理论课和讲座的方式向学生传授缓解社交焦虑和体育锻炼的知识，加强学生对社交焦虑危害性和体育锻炼重要性的认识，引导学生克服社交困难，走进体育场所。定期开展主题活动，提醒大学生在努力提高科学文化水平和专业技能的同时，不要忽略社交能力的培养。

高校应通过丰富的课外体育活动和体育课程，促使大学生参加体育锻炼。通过开展适合女生的体育活动或竞赛，调动女生参加体育锻炼的积极性；引导大三、大四的大学生参加体育锻炼；加大对校园体育基础设施建设的投入，营造良好的体育锻炼氛围。加强师资队伍建设，改进体育教学内容和方式，健全考核体系，引导大学生积极参加体育锻炼，提高身心健康水平，培养大学生终身体育意识。

加强对大学生体育锻炼态度的调整，培养对体育锻炼的正确认识，提高大学生对身体健康和心理健康的认识。引导大学生通过适度的体育锻炼缓解不良情绪，减少社交焦虑。

三、培养大学生群体意识

当今社会充满了竞争和挑战，对于大学生的要求已经不仅仅局限于掌握工作所需要的专业知识和能力，更是要求大学生具备合作精神，要能融入群体，而这也就要求大学生必须要具备群体意识。对高校而言，培养大学生群体意识是高校思想政治教育的目标要求；对个人而言，培养大学生群体意识是塑造大学生核心素养的必要举措；对国家而言，培养大学生群体意识是中华民族伟大复兴的时代呼唤，所以培养大学生群体意识是高校思想政治教育中不可或缺的重要环节。在大学校园内，体育运动作为一种富有内涵的社会文化活动，深受大学生的喜爱，在大学生日常生活中占主要部分。体育社团在所有大学社团中更是有着数一数二的影响力。体育育人具有规制性、隐蔽性、体验性、持久性等特征，所以体育活动可以成为培养大学生群体意识的重要途径。

（一）体育对大学生群体意识的影响分析

大学生刚刚进入大学校园时，就会在学校的安排下，以所学的专业为依据组建成相应的班级，班级一旦确定就不会有变动和再次选择的机会。班级对大学生而言是在校生活、学习期间所处的有着重要地位的正式群体。大学生的班级与大学生的整个大学生活紧紧联系在一起，从刚刚进入大学与其他同学一起组建班级开始，到大学毕业后班级的自然解散，每一个大学生一定身处于一个固定的班级群体，在这个班级群体中与其他班级成员一起学习、生活，度过大学阶段。大学生在大学中的大部分时间都是与班级同学共同度过的，大学生个人与班级之间息息相关，密不可分。

1. 群体目标认知

任何群体都必须树立一个群体目标，这个目标是由群体中成员的所有期望共同构成的，能引导群体规范的形成方向，从而约束和激励群体成员采取团结和协作的方式为实现目标而共同奋斗。在群体的整个存续期间，群体目标会被分解为许多阶段性的小目标，这样可以让群体在完成阶段性小目标的同时也能够顺利完成每个阶段的过渡。大学中的群体在不同的阶段就会有属于该阶段的特点，但对于大学生来说，将所在的群体建设成为优秀群体应该是贯穿始终的目标，而对于班集体这个与大学生密切相关的群体，在整个群体的存续期间，把班集体建设成为优秀群体也是贯穿于各个阶段的统一目标。大学生的个人目标能够与群体目标相结合，实现群体目标的意愿十分强烈，对群体发展要求普遍都比较高，希望加入群体可以给自己在各个方面带来较大的进步和改变。

2. 群体规范意识

高校体育教学要求每个成员必须遵守群体规范这种已经确立的行为准则。大学生群体规范既包括学校、班级、社团的规章制度，也包括一些约定俗成的行为准则。群体规范中那些有正式明文规定的规范，被称为正式群体规范。而一些没有明文规定的规范，如群体成员之间约定俗成的行为准则等，虽然没有列成具体的规章制度，但都在潜在地影响着大学生个体的价值观念和行为选择，这些规范被称为非正式群体规范。正式群体规范一般存在于正式群体之中，这些正式群体往往会制定详细的规章制度，用于规范群体成员的言行举止。而非正式群体规范虽然不像正式群体规范那样依靠详细的规章制度来约束群体成员的言行举止，但在群体中有时比正式群体规范更具有约束力。非正式群体规范的形成往往是成员在其相处、交往中逐渐自发形成的，并且被群体中大部分成员所认可，如果群体成员违反了这些群体规范，他们可能会被群体中其他成员所排斥，甚至是抛弃。

群体规范是群体维持存在的基础，任何群体都是以整体形式存在的，而群体的整体性则是通过群体成员的行为、思想和价值观的一致性得以体现的，这种一致性的实现基础是群体成员以群体规范作为行为准则。群体的存在依赖于群体规范来保持其整体性，失去了群体规范，群体也将不复存在。当一个群体的规范实现了标准化，群体中成员的行为、思想和价值观也会逐步趋于一致，这也会让群体活动变得更加协调，成员关系更加融洽，群体的凝聚力变得更加强大，从而使群体的存在感更加明显。相反，如果群体规范的标准化程度很低，那么群体就会显得很松散，这也会导致群体的发展状态变得越来越差。大部分大学生都能够严格遵守群体中的正式群体规范。同时，大部分大学生在群体中也会屈从于群体潜规则。

3. 群体归属感

在当今时代，大学生以独生子女为主，尤其是在家庭居住地为城市的学生中，独生子女的情况更加常见，这些独生子女大学生从小到大备受父母的关怀，在父母的保护和安排下完成学业。而进入大学阶段之后，生活环境突然发生改变，绝大部分学生离开了父母和亲人，离开家乡来到陌生的城市独自学习、生活，会因为来到陌生的环境而无所适从。所以对于大学生来说，他们远离家乡、亲人，在陌生的环境中，学校和班级毫无疑问就成为这些大学生所依赖的对象，他们希望在群体中能够产生归属感，他们希望自己所在的班级是一个能够代替家成为依靠的存在。有的大学生与班级同学接触较少，对班级也是若即若离，在班级中缺乏应有的主人翁意识，对班级的建设和发展积极性不高、主动性不强，缺乏一定的班级归属感。

4. 群体观念

当代大学生大多是在父母、亲人身边长大，在父母、亲人无时无刻的关怀下学习、生活，他们在成长的过程中逐渐养成了以自我为中心的意识，往往在群体中不顾及他人的感受，时刻以自己的、个人利益为重。直到进入大学阶段，他们才开始感受到集体主义的重要性，学会重视和维护群体和群体成员的利益，体会到群体的利益与自身的利益息息相关。大部分大学生都有一定的集体主义思想，会关心和维护群体的荣辱，在个人与群体发生冲突时，都会以群体利益为重，选择维护和保障群体的利益。

5. 团队精神

无论是在大学阶段还是踏入社会以后，都要求大学生必须拥有团队精神，所以培养大学生团队精神具有十分重要的意义。在团队中，要培养团队成员的团队精神，首先要求团队内成员之间的关系是和谐、融洽的，如果成员之间关系不和谐，经常闹矛盾，那么自然也谈不上团队精神了。有些大学生对于团队精神的认知还过于片面，对于团队精神内涵的理解还不够全面、透彻，团队内成员关系仍存在许多问题，这些大学生在团队中主动性不高，相互沟通不足，缺乏一定的团队精神。

（二）培养大学生群体意识的途径

1.体育课堂教学

体育课堂教学是大学体育工作中的一项基础性实践活动。当然，它也是思想政治教育中能够以灌输性或潜移默化的方式作用于学生的多元化载体。在高校中，体育课堂教学面向全体大学生，它要求学生在群体中相互竞争、团结协作、遵守规则、共同奋斗，所以体育课堂教学也成为培养大学生群体意识的重要途径。

（1）教学目标

在教学实践活动中，教学目标是整个课堂教学的指向标，指引着整个教学的方向。而对于体育课堂教学而言，体育教学目标也是引导整个体育教学活动的指向标，指导着整个体育教学活动应该如何开展、如何进行。在整个教学过程中，要合理地设定体育教学目标，不但要求大学生达到对于运动技巧以及基础知识的掌握，还要关注大学生价值观念的培养。而要更好地培养大学生的群体意识，就必须将群体意识教育的内容融入体育教学目标的设定之中，才能在后续的体育课堂教学过程中，实现在体育教学中培养大学生群体意识的目的。

（2）课堂组织

要在体育课堂教学中培养大学生的群体意识，首先就要在课堂组织中突出群体的概念。在高校体育教学中，传统教学模式一般都是以"班级—个人"的形式为主。无论是在教学过程、课堂练习还是在结课考核中，大部分教学设计还是以单一学生的学习、锻炼和考核为主，而这也就必然会出现忽略集体而突出个人的情况，也会使大学生只注重个人的提升而缺少对于集体的关注，而这会导致大学生的群体意识难以得到有效提高。为了更好地体现集体的这一概念，就需要对班级同学进行分组教学。在教学过程中要强调集体的概念，要以小组为单位进行课堂教学、练习和考核。而这也能够在之后的课堂教学过程中，时刻强化学生的集体概念，在大学生一起完成某个过程或者某个目标之后，在思想意识中形成"我们"的观念，从而在课堂教学中一起学习、一起锻炼、互相帮助、共同提高，最终达到培养大学生群体意识的目的。

（3）教学方法

研究表明，体育教学对于培养大学生群体意识有着天然优势，在综合考虑大学生自身特点之后，我们发现，在体育课堂教学中采取合作学练法、体育游戏法以及团队拓展训练法等方法进行课堂教学，对于大学生群体意识的培养有着积极良好的效果。

合作学练法是指在教学过程中，经过教师的指导参与，大学生以群体形式组成学练小组，利用教学过程的互动因素，使大学生为了达成共同的学习目标而在实际行动上互相配合进行学练的过程。合作学练法是被广泛用来培养团队精神的方法，特别是对于团队合作能力、沟通交流能力等的培养来说，更是一种有效的方法。在体育课堂教学中运用合作学练法可以在传授专业知识的同时加强对学生合作能力的锻炼，如采用群体合作完成大作业的方式来使学生之间增进了解，并且学会处理和协调群体内成员之间的不同意见，最后达成增强群体意识的目的。总而言之，在体育课堂教学中，合作学练法可以让学生在掌握体育知识、学会运动技能的同时，成为培养学生互相交流、乐于合作、增强责任感的有效手段，在分组合作学习的同时，学生们通过互相评议做到主动合作、关心集体，以此达到培养大学生群体意识的目的。

体育游戏作为大学体育教学中的一项重要内容，也是受到大学生喜爱和欢迎的一种体育教学方法。丰富多样的体育游戏寓教于乐，可以让大学生在游戏过程中培养和发展群体意识。在实际的课堂教学中选择团队性、集体性的体育游戏，使学生只有通过团队协作的形式才能进行游戏，完成游戏。这样可以在教学的同时，引导大学生互相沟通交流，团结协作，共同解决问题。大学生在体育游戏活动的过程中，逐步了解和体会到团队精神的重要性，感受到团队协作取得成功所带来的快乐，强化了自身与人交流沟通的能力、与人合作互补的能力，最终达到培养大学生群体意识的目的。

团队拓展训练是在拓展训练中慢慢发展起来的一种训练模式。虽然说各种类型的拓展训练都或多或少有团队训练的内容在里面，但是团队拓展训练仍可以作为一种独立的训练方式存在于拓展训练当中。团队拓展训练被用来培养个人对群体的认识，增进个人在群体中的参与感和责任感，强化沟通交流能力，改善人际关系，使个人能更好地融入群体中，以加强受训对象的团结合作意识和受训群体的团队精神为目的。团队拓展训练能够让学生在活动过程中感受到团队合作的意义，学会如何与他人合作，体会到在群体中大家互帮互助、彼此信任对于彼此潜力的开发有着十分重要的意义。在体育课堂教学中运用团队拓展训练法可以激发大学生的创造性和主动性，让大学生可以用一种相对动态的运动方式进行体育学习和体育锻炼，进而实现培养大学生群体意识的目标。

以上体育教学方法对有效培养大学生群体意识都可以起到积极作用。但需要强调的是，这些教学方法不能机械、独立地采用，它们是相辅相成、互相促进的，每一个方法都可以达到培养群体意识的目的。在体育课堂教学中，只有综合运用各种教学方法，才能够加强教学的灵活性、趣味性和有效性，才能使大学生群体意识的培养达到事半功倍的效果。

2. 大学体育社团

在大学的校园生活中，大学生最为熟悉的体育训练形式往往是以学生为主体的体育社团活动形式。在体育类的学生社团中，汇聚着大量爱好体育的学生，这些大学生因为共同的爱好相聚一堂，相互之间有着共同的话题，所以以相互之间的交流、影响也更加深入。大学生在体育社团的各种活动中相互沟通交流、团结协作，这些互动也有助于培养大学生的群体意识。对于整个大学校园来说，体育社团活动的受众面虽然有限，但是其带动作用很大，这也使得其影响范围十分广泛。这些体育社团的成员都是因为爱好体育而自发、主动加入体育社团的，也会主动参加体育锻炼，他们对于体育中所蕴含的精神内核并不会排斥，反而更乐意去认同、接受，更容易接受体育本身及其所传达的价值，因此，通过体育运动来培养大学生群体意识也会有更加积极的效果。体育社团的这种影响性不单单是对于社团成员而言，还会通过这些参与体育运动的成员带动身边不参与体育运动的大学生间接地接受体育的影响，而这种带动是潜移默化且影响深远的。所以，要通过各种方式来引导体育社团的建设，从而更好地达到培养大学生群体意识的目的。

（1）培育体育社团的精神文化

要培养大学生的群体意识，形成正确的群体观念和价值观念，就需要精神力量的感染。而大学体育社团的精神文化就能够增强社团成员对于社团以及学校的归属感，并且用潜移默化的方式培养大学生的群体意识。而体育社团内的每个成员也会主动地将自己融入社团的精神文化，在无形中接受社团精神力量的感染和文化氛围的熏陶。对此，大学体育社团应对社团内部风气加以引导并加强管理，同时以社团活动为载体加强群体意识教育，在社团内形成积极向上、互帮互助、团结和谐的文化氛围。要通过体育社团内的精神文化建设，在社团内形成被大家所广泛认可的群体目标和群体观念，激励社团内的每个成员为了共同目标团结一心、互助互补、共同奋斗，从而加强社团成员归属感，提高社团凝聚力，推动良好社团风气的形成。

（2）丰富体育社团的社团活动

校园体育活动是大学校园文化的重要组成部分，也是大学校园生活中必不可少的重要内容，同时也是高校开展思想政治教育工作的重要载体，是培养大学生群体意识的重要途径。大学生思想价值观念的形成是一个十分复杂的过程，既需要动之以情、晓之以理，也需要受教育对象充分发挥主体作用，积极主动地参与进去，以寓教于乐的方式被大学生所接受，提高思想政治教育的效果。因此，大学体育社团要做到准确抓住大学生的特点，通过多形式、多样化、生动有趣的各类体育活动，搭建大学生愿意参加且能够互相沟通交流的活动平台，让大学生在活动中互相交流、互相影响、互相促进。同时，要深入了解新时代大学生的性格特点，有针对性地开展大学体育活动，提高大学生参与的积极性，让大学生在体育活动的参与过程中了解体育精神，在交流合作中体会群体意识的重要性，从而培养大学生群体意识。

（3）构建和引导体育社团的群体规范

思想政治教育要深入开展就需要有效的规范保障。大学体育社团的群体规范是在社团长期建设发展中逐步形成的，是社团群体价值观念的外在表现形式，也是开展思想政治教育的重要载体。体育社团的正式群体规范是在制定和执行的过程中，将体育社团这个群体的思想理念、道德规范、价值观念在无形之中传递给社团成员，从而对成员们产生深刻的影响。因此，体育社团要加强和规范社团的制度建设，实现制度的体系化，使得社团的工作和活动都可以有章可循，建立一个所有社员都自愿遵守并主动维护的社团制度，从而能够约束社团成员的言行举止，使社团成员的思想、行为和价值观念与群体靠拢，保持一致。在体育社团中，除了要考虑社团内部的正式群体规范，还需要引导其非正式群体规范。而这就需要体育社团内指导教师、社团负责人或者学生的言行举止起到以身作则的带头作用。体育社团的指导老师要严于律己，以自身的道德修养、言行举止给社团内学生们树立典范，并且要经常地、深入地参与到社团活动中去，与学生们打成一片，引导他们形成正确的思想和行为。当体育社团内的群体规范被大学生们所接受时，社团成员的思想、行为和价值观念自然而然地会被体育社团所影响，在潜移默化中形成正确、积极向上的价值观念。

3. 大学体育竞赛

大学体育的一个重要组成部分就是体育竞赛，体育竞赛是一项在裁判员的主持和指导下，按所规定的统一规则，组织运动员个体或运动队群体开展的竞技性活动，是联系社会的媒介，能够对社会产生作用。在大学校园内，体育竞赛因其观赏性和偶然性容易调动人们的兴奋点，所以备受大学生的关注。因此，在大学体育中，体育竞赛的影响力往往比其他体育活动大得多。

（1）扩大大学体育竞赛的参与对象

要发挥大学体育竞赛的影响力，培养大学生的群体意识，首先要扩大大学体育竞赛的参与对象，实现大学体育竞赛的群众性，真正面向全体大学生。现在大学的体育竞赛基本上都以大学生的运动能力作为参赛依据，只有少数运动能力较强、体能较强的大学生才能参与其中，所以这也就使得体育竞赛的直接受众面极其狭小。大学体育竞赛要让每一个学生都能参与其中，扩大其直接受众面，不能让体格、体形、体能、体育技能掌握程度等条件限制了参赛对象，要鼓励全体大学生积极参加体育竞赛，也包括身体有缺陷的学生。而扩大了参与对象的体育竞赛，就要求其为每一位参加体育竞赛的大学生营造合适的运动氛围，提出适当的期望和要求，给予他们足够的鼓励和掌声，带给参赛者足够的动力，使所有参赛者都有可能在体育教师和同学的帮助、鼓励之下，通过自我的努力超越自我，达成目标。这样才能真正使大学体育竞赛成为大学生都能参与和获得收获的体育活动。

（2）在体育竞赛中培养大学生规则意识

体育竞赛，规则至上。体育竞赛要顺利地进行下去，规则的指导就是基础，是前提，不管是体育竞赛，还是日常体育游戏活动，都需要规则的支撑，要依靠规则对参与者的行为进行限制，只有这样体育活动才能具备竞争的意义，活动才能得以顺利地开展。在体育竞赛中，遵守规则是首要条件，任何人都不能打破规则，这样才能保证体育竞赛的公平公正，只有在公平公正的条件下，参赛者凭借个人能力，或依靠团队的团结配合，所取得的成绩才会有意义。由此可见，体育竞赛对大学生规则意识的培养有着天然的优势。在体育竞赛中，参赛者必须无条件遵守体育规则，养成遵守规则的习惯，在思想上形成遵守规则的定式。而这也是体育运动、体育竞赛在大学生规则意识培养方面的优势。所以可以通过体育竞技游戏、体育比赛等体育竞赛潜移默化的影响来培养大学生的规则意识。体育竞赛规则既是对参赛者行为的约束，也是对于整个体育竞赛公平性、公正性的最大保障。当大学生能够体会体育竞赛规则的作用时，他对社会规则的理解也会更深一个层次，他们的规则意识也会得到提高，最终达到培养大学生规则意识的目的。

（3）在体育竞赛中培养大学生集体观念

体育竞赛不仅是对大学生规则意识的培养，更是对集体主义思想的培养。当大学生参与体育竞赛时，他们就等同于背负了整个群体的期望在进行比赛，不再是代表个人，而是代表集体，这能够让他们深刻地体会到集体主义的含义。在体育竞赛结束之后，大学生在体育竞赛中所取得的荣誉不仅仅属于个人，更是集体的荣誉，这也使得个人与集体的荣辱紧密地联系在一起。当体会到这些时，大学生对于集体主义的认识也会更加深刻。

体育竞赛从来不是一个人的比赛，每一个胜利的背后都有无数人在为之努力奋斗，有场上的运动员，有场下的教练、后勤人员，还有场外的啦啦队员们。尤其是团体项目更是如此，一个人的技术再怎么高超，如果没有团结协作，也无法带领全队取得胜利，胜利是靠每个人的团结协作、努力奋斗赢来的。而体育竞赛的过程会让大学生理解和体会到群体的力量，感悟到团队精神的重要性。同时，还要在集体性体育竞赛中不断渗透"尺有所短，寸有所长"的思想，让大学生能够在比赛过程中认识到，所有人都有各自的优势和不足，只有取长补短、互助互补，依靠团队的力量才能取得优异的成绩。在集体性体育竞赛中，大学生能学会接纳团队中各具个性的同伴，要能够看到别人的长处，认识到自己的不足之处，正确认识自己在团队或集体中所能扮演的角色、所能发挥的作用，这样才能增加学生之间的凝聚力，形成归属感和集体荣誉感。

体育竞赛作为大学校园中最富有激情的活动，不但是对于参赛者而言，对于观赛者同样如此。作为观赛者的大学生，他们会被场上为了集体荣誉而努力奋斗的运动员所感染，被他们的体育精神所感动，在这样的氛围中，学会团结协作，学会超越自我，学会奉献精神。在体育竞赛结束之后，输赢不再是关键，在参赛者和观赛者心中留存和传承的只有比赛中所展现出来的体育精神。体育竞赛能够激起大学生心中的热情，在体育竞赛中激动人心的时刻，也是思想政治教育最为触动人心之时，高校应该利用大学生心中最为真挚的情感，引导他们进行正确的互动，使得学生内心能与体育精神共鸣，从而使体育精神在学生的灵魂深处留下深刻的痕迹，最后大学生得以感受和传承体育竞赛所要传达的精神内核。这样，无论是体育竞赛的直接或间接参与者，在参与比赛、观看比赛的过程中，都能将体育所要传达的精神内化于心、外化于行，从而通过体育竞赛培养规则意识、集体观念，进而达到培养大学生群体意识的目的。

第六章　高校体育教学方法的改革

现代高校教育理念促使高校体育在教学整体中的位置越发突出，单纯追求理论学科成绩的高校教育体制已经被淘汰，体育发展能够为学生全面发展带来积极作用的理念被广泛认可。本章从高校体育教学方法的现状、高校体育教学方法的发展和高校体育教学方法的选择三个方面进行阐述。主要包含高校体育教学方法的运用现状及问题、改善高校体育教学方法的措施、体育伦理教学方法的发展与运用、选择体育教学方法的依据、体育教学方法的选择和应用原则等内容。

第一节　高校体育教学方法的现状

一、高校体育教学方法的运用现状及问题

（一）高校体育教学方法的运用现状

体育教育是我国高校教育的重要组成部分，高校作为人才培养的重要基地，培养高素质的综合人才是其教学的根本目的。体育教学的推进，直接关系到素质教育的实践效果以及高级综合人才的培养。高校体育教育作为我国教育模式中体育教学的综合性和末端性环节，对学生体育理念和体育锻炼习惯的最终形成具有决定性的作用，这一时期的体育教育，很大程度上决定了学生未来的生活锻炼方式、生活习惯以及"他们能否为祖国健康工作 50 年"。

1. 传统体育教学方法

在传统的体育教育中，最为普及的教学方法当属"开始——准备——基础——结束"这种传统的"四段式"教学方式。这种教学方法，主要衡量标准就是"学生掌握运动技术和技能"。因此，很多体育教学工作者在教学中过分

注重动作讲解和动作示范，并没有考虑学生是否真正喜欢或者能够接受，或者学生吸收接受的程度都有多少，从而造成教学工作的"失衡"。

传统体育教学方法的核心就是过分追求运动竞技，要求每个学生都能够达到一定的标准，掌握各种运动技能，并要求他们在精度、速度等方面有所进步；在教学实施过程中，总是强调动作的分解和示范，然后让学生们进行模仿和反复练习。在实际的教学中，多采用以下教学方法。

①反复练习法——将某一动作或者技能进行多次练习。

②讲解示范法——讲解某一个动作或者技能后，进行示范，让学生们模仿学习。

③分解教学法——将某一套完整复杂的动作技能进行分解，逐步进行分析。

④保护帮助法——为保护学生安全，体育教师在教学中进行动作保护。

这些"四段式"传统体育教学，不仅让课程显得"呆板"，学生变得"呆板"，更让学生因为缺乏实际体验而难以掌握体育课程中的精髓，同时也阻碍了学生各种潜能的发掘和发挥。

传统"四段式"体育教学在实际教学的每一个环节都强调着教学的重点，包括体育教学工作者的工作重点和学生们所需要了解的学习重点。在"四段式"的开始部分，强调的是对这节课程的声明工作，讲授这堂体育课程的教学内容和工作。体育教师往往是根据事先准备好的教学方案来进行阐述的。学生在这一阶段中，几乎都没有很大的学习兴趣，都还没有进入学习的状态，因为他们已经熟知老师会在这一堂课开始时强调哪些内容。

在实际的运动技能传授课程中，这"开始部分"更多的是"通知内容"，也就是对体育课程中的主要内容进行"宣读"和"下达"，并没有真正地引导学生，吸引学生积极参与课堂教学。一般来说，这部分非常重要，注重课程引导，且引导的方式正确，能够让老师的教学工作非常轻松，达到事半功倍的效果。

2. 现代体育教学方法

进入 21 世纪，现代体育教育引入"终身体育"一词，终身体育目标的设立对于教学内容、教学方法改革都产生了深远的影响。从指导思想上来看，终身体育体现出"健康第一"的宗旨，而且强调阶段效应和长远效应的有机结合。学校体育是终身体育的一个非常重要的发展阶段，学校体育为在职体育和社会体育奠定了相应的基础，为终身体育目标的实现提供了可能。为了将体育教学与终身体育有机结合，要着力培养学生的体育兴趣、意识、习惯和技能，在教学方法上要遵循以下原则：快乐体育原则，自觉与经常性原则，从实际出发原则，全面性原则，主体性原则，多元化原则。

探究教学法、合作教学法等也常运用于高校体育教学。探究教学法是体育教师通过创设一定的条件和氛围，积极引起、促进、帮助学生进行探究性学习的一种教学方法；合作教学法是师生共同参与，以小组合作作为基本形式，通过小组成员相互配合、帮助来促使学生提高合作意识，进而实现学生共同提高身体素质与适应体育兴趣的教学模式。因此，"终身体育"观念的树立，对整个体育教学的改革与发展都有着重要的实践意义。

在现代体育教学方法的探索研究中，"模式"一词运用较多，好像始终在引领方法的改革与发展。可在体育教学模式中存在着诸多不同的意见：①模式属于方法范畴，有的学者认为模式就是方法；又有学者认为模式是多种方法的综合；②模式与方法有区别，方法在具体的时间、地点、条件下表现出不同的空间构架和时间顺序，形成不同的模式；③模式与"教学结构功能"紧密相连，教学模式就是人在相关的教学思想指导下，对教学结构做出的主观选择。

以上不同的方法都从不同的侧面反映着体育教学模式的内涵，为我们进一步深化体育教学方法改革提供了重要的依据。现代体育教学的教学模式和教学方法多种多样，至今没有公认的定义。从体育教学模式角度来讲，可以系统地分为体育教学理念模式、体育教学原理、体育教学的操作模式以及体育教学的技巧模式四个方面。而在体育教学方法的视域下，高校体育教学的具体方法也可以分为体育伦理教学、反思性教学、情境教学以及实用运动技能教学四大类教学方法。

但是，无论是传统的体育教学方法，还是现代体育教学模式，都在实际教学过程中暴露出抑制高校学生自主学习发展的问题，这也正是当前高校体育教学方法改革的主要方向。

（二）高校体育教学方法引发的问题

1. 学生的自主学习能力受到限制

在体育教育过程中，学生借助体育课堂的开放式教学，解放传统课程学习过程中的环境等限制，充分体验体育课程的乐趣，并充分实现学生之间、教师与学生之间的互动，真正成为课堂的主体，掌握体育技能和专业知识，并解放思维。由于体育教育的互动要求多，具有课程特殊性，它更加需要学生和教师都能主动地参与到这个特殊的教学环节中。

传统的"四段式"体育教学方法不仅阻碍了学生主观能动性的发挥，也影响了教师教育工作的成效。

2. 学生的个性发展受到限制

传统"四段式"体育教学方法注重的是课程的传授完整程度，整个过程中，主要是体育教师"传授"内容，学生"接收"学习内容，使得开放式的体育课程失去了本身独特的"趣味性"和"真正的教学意义"，限制了每个学生的个性发展。传统的体育教学方法没有考虑到对学生个性发展的保护，从而让教学形式和教学内容变得单一，使本身处于不同的年龄段、拥有不同性格的学生缺乏独特的个性。

3. 重实践轻理论

为了改变传统体育教学方法中过度重视理论教学的问题，许多高校减少了传统体育理论课程教学课时的安排，有些高校甚至直接取消了理论课程的传授，直接改为实践课程，虽然这一大胆的实践创新给予体育教育工作者更多的实践空间与学生进行互动，深入探索体育课程实践，也给予学生们更多的自由空间对体育运动进行准备和学习。但是，这样做的结果不仅与国家的教育需求不符，也会让真正的实践教学效果大打折扣，不仅不能提升学生们的学习效率，还会助长学生们放纵、肆意的学习态度。在实践课程内，场地、教学内容等的开放性会给予学生们更多的自由性和开放性。

4. 体育教学内容与教改需求脱轨

与传统体育教学方法相比，现代体育教学方法更加注重学生的主体地位，注重培养学生的开放性思维。但是，正是由于存在这一差异性，现代体育教学方法在具体的实施过程中所教授的体育教学内容无法与教学改革接轨，现代体育教学方法过度的教学创新，使得体育教学内容缺乏科学性，忽略理论教学的重要性，学生们的理论基础不牢固，因此，就造成体育教学实践中所传授的课程内容缺乏理论支持，轻则让学生们"死记硬背""生搬硬套"这些运动动作，很难真正掌握运动技能要领，重则让学生们面临运动安全隐患，造成运动损伤和运动伤害。在教学实施上，忽略技术应用性和延展性教学，突出运动技术的应用性，没能从长远着想进行体育教学，忽略了学生们的自主性和创造性发展。

二、改善高校体育教学方法的措施

（一）体育教学要素的培养

1. 高校应该注重学生体育运动理论知识培养

各大高校应该重视对学生运动技能理论知识的培养，积极推进运动技能学习与控制理论课的开设。一般来说，高校将体操、田径、足球、篮球、排球、武术、游泳 7 项列为体育教育专业运动技能的必修课较为合理，选修课要兼顾与中小学课程可以对接的运动项目。在课堂组织形式上，可以将相关的几门选修课集合成一个个模块，提供一定导向性的知识体系。各高校可以利用大三下学期和大四的时间，再次开设曾开设过的必修运动技能基础课，有利于学生对基础技能的巩固，并提高教育实习的质量。

2. 高校体育教师专业素养的培养

高校应当加强体育教育专业教师自身能力的发展，不断更新教学观念，重视对青年教师的引进。对运动技能教学方法的选用可以综合考虑运动技能形成的各阶段、教学内容和学生特点，根据具体的课堂需求组合选用教学方法。同时，在教学过程中，从运动技能迁移的角度出发，采用由简到繁、由易到难的教学方式，合理利用技能间的正迁移。

3. 高校体育教学系统的建立

体育教学的培养目标应该以应用型人才为导向，体现以人为本的教育理念，彰显层次性和地域性差异，加强对运动技能的指导。

针对目前部分学校存在的人数多、场地少的现象，学校可以借助微信等公众平台，及时更新场地的使用空闲情况，提高场馆的使用率，保障教学的顺利开展。

为了保证运动技能培养各个要素环节之间的衔接，提高运动技能学习的系统性，教师和学生之间需要建立双向的、稳定的监督机制，争取取得最优的培养效果。

（二）注重培养学生体育运动的主动性

1. 提高学生对运动技能的认知

提高学生对运动技能学习的认知，树立正确有效、符合实际的运动技能目标，正确认识运动技能形成过程中的保持与消退现象；加强针对学生身体素质的练习，为运动技能的提高做好铺垫；鼓励学生进行运动技能的自主训练，可采用兴趣班、运动队的方式，督促学生进行练习。

首先，要帮助学生设立一个切实可行、符合自身实际的学习目标。目标的设立将直接关系到学生运动技能练习的效果。目标可以激发出学生学习一项技能的兴趣，在运动技能的练习过程中一定会存在这样那样的问题和困难，设立一个切实可行的目标是解决这些问题的办法之一。一个正确有效的目标是学习运动技能的开始，由于过去的经历和学生的身体素质等个体特征都和目标的效果有关，因此教师在帮助学生设立目标时应因人而异，既要设立短期目标，又要设立长期目标。

其次，要引导学生充分认识运动技能的保持与消退现象。运动技能的形成是一个持续的、跌宕多变的渐进过程，时快时慢，这些都是正常现象，是暂时的。需要正确认识运动技能学习过程中的保持和消退现象，在技能学习过程中由于各类影响因素，技能的提高会出现停滞的"平台"现象，甚至出现消退。这时我们应正确认识，有针对性地解决问题。一旦出现消退情况，应立即调整心绪，调节状态，待身心状态恢复正常后再进行学习。

2. 加强学生练习身体素质的主动性

运动技能的提高建立在学生拥有较好身体素质的基础之上，根据调查，运动技能水平高的学生身体素质较好。身体素质的不断提高可以进一步促进学生运动技能的发展。目前运动技能课教师已经意识到身体素质的重要性，大部分教师在技能课上都会进行身体素质的练习，在今后的课堂教学过程中，加大对学生身体素质的训练，提高身体素质训练占课堂的比重，将会进一步加快学生技能水平的提高。同时，一部分学生因为入校之前对于体育接触较少，身体素质较差，教师在今后的教学过程中，应该对学生身体素质分层教学。在有限的课堂时间内，对不同身体素质的学生进行适合自己条件的身体素质练习，不能一概而论，使基础较差的学生一步一个脚印地奠定良好的身体素质条件。另外，体育教育专业学生在课后进行运动技能练习的氛围并不高涨，在这种情况下，教师可以利用课余时间开展兴趣班，鼓励学生多多参与，督促学生进行更多的运动技能练习。

3. 引导学生增强运动技能自主训练

运动技能提高的关键因素之一就是练习，练习得越多，运动技能进步得越快，掌握得越熟练。我们熟知的科比、小德等世界体育明星，也是在每天不间断的练习中提高自己的运动技能水平的。现在的学生大多数习惯了应试教育填鸭式的教学方式，习惯了被教师和家长"逼着"学习，初入大学之后，对教师"松散"的教学方式不适应，只要教师不要求，学生便不会去练习。因此，教师要积极培养学生的练习主动性，激发学生的学习兴趣，注重对学生学习动机的培养。影响学生学习效果的一个重要因素就是学习的动机。高度的动机水平能促使学生投入更多的精力去学习，运动技能的学习过程是一个以目标为导向的过程，当学生感觉自己的运动技能有所提高的时候，学生的自信就会不断增加，能够进一步提高学习动机水平。当学习的内容无法激发学生学习的热情的时候，教师就要采取一些适当的方法激发学生学习热情。比如，教师可以采用分小组学习、组内讨论的方法，激发学生自尊心和好胜心理，同时，对学生的动作进行课堂录像，课后一起观看、讨论、纠正，这样会促使学生积极的练习。

此外，让学生自己确立学习目标。当学生可以自己选择学习目标，并且鼓励自我评价的时候，学生就会逐渐意识到自己运动技能的提高，并进一步加强学习的动机。

（三）科学合理地选用教学方法

教学方法指的是在整个教学过程中，教师和学生为了有效地达到教学目的而采取的教与学之间相互作用的方式的总称。好的教学方法就像是打开运动技能培养这所大门的钥匙，只要采取的方法合适，运动技能就会明显改善。

现代体育科学技术在体育运动领域广泛渗透与移植，有力地促进了教学方法的科学化进程，近几十年来，教学方法的改进大大促进了运动成绩的提高。随着学生运动技能的不断发展，教学方法也要随之改变。运动技能教学方法的发展受到多方面因素的影响，在对高校体育教学方法选用情况研究的基础之上，结合运动技能形成规律以及实际情况，通常建议从教学方法选用的时机、教学方法选用的原则两方面来考虑。

三、体育教学方法的历史反思

中国近代体育教学从 1903 年以来，已走过 100 多年。体育教学随着学校教育的发展而不断发展。体育教学方法也随着学科的发展而不断发展，从训练方法和师徒式的传授方法发展成为有自己特色的方法体系，既含有一般教育学的方法，又含有体育这个特殊学科的专门方法。

中国现代学校教育从 19 世纪中叶开始发展，教学形式打破了以前的私塾教学，开始实施"分斋教学法"和班级授课制，主要形式是传授式。

20 世纪初，一些法规政策陆续颁布，如 1903 年颁布的《奏定学堂章程》、1912 年颁布的《壬子学制》、1922 年颁布的《壬戌学制》等，这些政策的颁布使得学生的教学活动得以延续和发展，也给体育教学带来了新的机遇和制度保障。当时的教学引进了很多西方的教学方法，如设计教学法、启发式教学法等，这些新方法与传统方法形成了中西交融。

新中国成立后，中国的体育教学全面"苏化"，而苏联教育强调的是教师主导论，教师就是权威和领导者，导致教学方法又回到原先的"传授式"教学。改革开放后，先进教育理念的影响、多学科知识的渗入，新的体育教学方法不断涌现，如发现法、探究法、情景法、小群体法等，给体育教学带来了无限的活力。

体育教学方法的不断发展和完善，充实了体育课堂内容，实现了体育教学目标，完成了体育教学任务。它的历史发展也给我们留下了深刻的反思。

①体育教学方法是随着学校教育的发展而不断发展的。

②体育教学方法实现了中西交融，既显示了本土的传授功能，又凸显了西方的人文特性。

③体育教学方法受教育学、心理学、生理学等学科理念的影响越来越大，移植的方法也越来越多。

第二节　高校体育教学方法的发展

一、体育伦理教学方法的发展与运用

（一）体育伦理教学方法的内容

"爱智"是中华民族优良的传统美德，是推动现代科学技术发展和社会文明与进步的重要精神力量。在我国古代，"智"与仁、勇两个道德规范并举，被视为"三达德"；作为"五常"之一的"智"也与仁、义、礼、信共同构成了中华民族最基本的伦理道德规范，成为中国价值体系中的最核心因素；在西方，智慧则与公正、勇敢、正义一起构成了人的四种核心美德，史称"四主德"。

"智德"既是智慧的主要形式，也是智慧的高级形式，是智慧与道德的结合与统一，俗称道德智慧。人有智慧，但不一定具备完善的"智德"。"智德"是一种择善去恶、从善去恶的特殊能力与内在品质，是人类创造文明、形成一切美德的理性前提和基础。自古以来，"智德"广受推崇，成了一个人生存与发展的支撑点。

"智德"培育是高校体育教学的深远方向，体育伦理教学方法不断受到人们关注,高校力图通过体育与教育、理论与实践相结合的研究,完善"智德"理论，弥补其在学校体育与体育伦理理论研究上的不足之处，引发体育人对体教结合的关注，以体载德，以体促智，最大限度地把这种培养升华到学生自身的意识

习惯方面，为他们的全面健康发展做出贡献，也为最终实现人性的真、善、美，造就德才兼备的高素质人才做出贡献，更为促进社会和谐发展、培育新时代的民族精神、形成文明道德风尚、加快实现中华民族伟大复兴的"中国梦"做出贡献。

（二）伦理性教学方法对高校体育教学的启示

正确认识体育教学领域中的"智德"问题，必须从历史传统"智德"角度出发，揭示传统"智德"观的内涵；必须从传统向现代转型的角度出发，揭示现代"智德"观的内涵；必须从当今主体的"智德"需要角度出发，揭示生活中"智德"的内涵。伦理性教学在高校体育教学中具有积极的影响。

体育运动中的"智德"是一种独特的伦理型的文化意识形态，它通过体育运动而形成并集中体现人类的能力、技能与高尚道德品质的总和。体育运动中的"智德"还可以理解为：以体育这个独特的教育活动为媒介，所有参与者在体育这种自我教化活动中发展理性与心智、培养自身的意志品质，升华自己的内在精神，实现自身人格的完善，是人的智慧与道德在体育运动中的综合体现，是集合各种运动项目文化于一体的统称；体育"智德"文化，即是体育文化的彰显。

学校体育教学、伦理教育、"智德"的关系包括以下几方面内容："智德"属于伦理教育内容，是学校体育教学的重要内容之一；学校体育教学是伦理教育实现的有效途径之一，也是"智德"获得的重要形式；伦理教育是学校体育教学中不可分割的重要组成部分，更是"智德"获得的基础。学校体育教学、伦理教育、"智德"三者密不可分。

学校体育中"智德"体现为学生的"智德"精神文化形态、学生的"智德"行为文化形态和学生的"智德"文化形态。

学校体育中"智德"培育的价值包括微观价值和宏观价值两方面。微观价值体现在：培养道德素质，锤炼精神品质；强化规则意识，规范个人行为；增进审美实践，提高审美情趣。宏观价值体现在：为建立社会生活新形态优化国民综合素质；为国家强盛直接提供明显有效的支持。

通过学校体育课（包含理论课和实践课）、课外体育活动（包含集体活动和个体活动）、运动训练和体育竞赛来实现学校体育中"智德"的培育。

（三）高校体育伦理性教学方法的应用发展

体育不仅是教育的重要组成部分，也是现代生活的重要内容；体育伦理不仅是竞技体育的价值规范，也是学校体育的理论视域。但是，目前我国体育伦理学界把研究的目光更多地投入竞技体育伦理道德研究中，从而对学校体育伦理的关注度相对更少一些，而且体育伦理与学校体育相结合的文章大多也都集中在学生体育伦理行为的探讨上，而对伦理道德的具体内容与学校体育教学实践相结合的探讨与研究还不多见。

近年来，关于体育道德的文献有六百余篇，而"智德"作为中华传统美德之一，也属于伦理道德范畴，以"体育道德智慧""体育智德"为主题进行检索，可发现其研究中的软肋，从体育伦理视角研究智德的理论成果可谓屈指可数，只有王诚娟的《体育教学中如何提高学生的道德智慧》一文与"体育智德"关系密切，到目前为止，我国还没有出现一篇直接以"体育智德"为题的论文。可见，"智德"在体育伦理学领域的探讨与研究目前还处于初级阶段，尚属薄弱环节，在学校体育伦理领域更是如此。我国把学校体育教育与传统"智德"教育结合起来进行研究的文章大多集中在体育中如何培养学生智慧层面上，如谢亚娥的《体育教育与学生情感智慧的培养》，马少莲的《学校体育教学应重视学生"身体智慧"的发展》，茅鹏的《运动能力与训练智慧》等文献资料，还未上升到一个更高的层次，将"智"作为伦理道德范畴进行研究。我国体育伦理学领域仅有王诚娟的《体育教学中如何提高学生的道德智慧》一文将智作为伦理道德范畴进行了探讨，文章分别从道德智慧表现的四种形态出发，以体育视角论述了提高学生道德智慧的方法以及如何内化为学生的品质，但是，其研究对何为体育中智德的理解尚显肤浅，论述还不够深入，缺乏系统深层次的剖析。

目前，国内外伦理学界关于智德问题的研究在某种程度上取得了一定成果，这为后续的学习研究提供了有价值的参考，但从总体上看，其还未显成熟，与伦理学理论和实践的发展要求相比，还是有很大差距。体育伦理学作为伦理学的分支在对"智德"理论的探讨与研究上还挖掘得不够深入，相关理论与实践研究严重缺乏，其中有很多问题有待进行开创性研究，学者们应该给予其足够的重视，并加大研究力度，充实和丰富体育伦理学相关理论。

二、反思性教学方法发展与运用

（一）反思性教学方法概念与解析

反思性教学是人们在不断探究"反思"的基础上形成的。例如，英国哲学家、教育思想家洛克认为反思是对获得观念的心灵的反观，是人们把自己的心理活动作为认识对象的认识，是对思维的思维。荷兰哲学家斯宾诺莎则把自己的认识论方法称作"反思的知识"。美国哲学家、教育家杜威在《我们如何思维》中也提到了反思的概念。但是反思性教学的术语却是由美国学者斯冈在其著作《反思实践者：专业人员在行动中如何思考》提出的。在后来的发展中，对于"反思性教学"的概念大致出现了四种观点，它们分别从反思主体、对象、过程等不同侧面对这一概念的含义进行分析。

而我国的学者熊川武则取众家之长给出了这样的定义：教学主体借助行动研究不断探索与解决自身和教学目的以及教学工具等方面的问题，将"学会教学"与"学会学习"统一起来，努力提升教学实践的合理性，使自己成为学者型教师的过程。其内涵可以概括为：教师要对自己在教学过程中的行为提出质疑，充分发挥自己的主动性，同时要与同伴加强合作和交流，运用正确的教学策略和方法审视自己的教学理念和整个教学活动，从而发现自己的不足并通过学习和交流更好地完善自己，进而提升自己的专业水平，使自己成为当今社会的合格教育工作者。同时它又指出教师要在教学工作中教好学生，让学生得到全面的发展。

（二）反思性教学方法的构建与运用

反思性教学的文化渊源主要来自杜威的反思性行为观念。按照杜威的看法，反思性行为是相对于常规性行为而言的。常规性行为受到传统观念的影响，在任何条件下所产生的问题都要运用常规手段进行解决。反思性行为则是不受传统观念的束缚，对待问题有自己的见解，能够对传统的解决方法提出质疑，进而能够丰富自己的知识。

反思性教学的文化背景比较广泛，它与社会的精神、制度和物质文化息息相关，但影响最深的还是精神文化。其起因包含四个方面：第一，反思性文化的出现，增强了教育工作者的反思意识，从而在思想上为反思性教学的问世提供了铺垫；第二，心理学、伦理学、教育学的发展和进步，为反思性教学的机制和教学模型提供了丰富的理论基础；第三，由于学校对教学工作的合理性提出了更高要求，教育工作者为了使自己的教学工作更加合理，必须加强自己的反思，这在一定基础上促进了反思性教学实践的发展；第四，在当今社会，教师的角色不再是知识的传授者，而是向学者型方向转变。

反思性教学不仅能够促进教师职业化的发展，还能使教师的主导作用得到充分发挥。其作为一种教学方式有自己的操作步骤，具体内容如下。

第一，发现问题。反思性教学的出发点就是从教学实践中发现问题，教师通过回忆之前的教学过程找出自己的问题，通过查阅与问题有关的文献解决问题。

第二，对发现的问题进行分析。把已经发现的问题作为基础，教师借助从各方面收集到的资料，对自己的教学行为进行重新审视和批判，找出产生问题的原因，对问题的本质进行深入探讨。

第三，建立假设性教学过程。通过分析教学中发现的问题，教师需要再次对自己的教学思想和教学方法、行为进行批判，通过新的教育理念和策略解决自己所遇到的问题。

第四，实际验证。在前面的基础上将新的教学理念和方法付诸教学实践，在实践中检验新的教学方法和策略是否能达到教学合理性的要求。进而再次发现新的问题，开始下一轮的研究和探讨。

（三）反思性教学对体育教师职业专业化发展的重要性

在教师行业中，由于受到传统教育观念的影响，体育教师并没有受到人们的重视，人们普遍认为体育教师是一个谁都可以胜任的工作。但是作为一名体育教师，一定要摆正自己的心态，不能因为外界的看法而轻视自己，体育教师也是一种职业，同其他学科的教师处于同等重要的地位。尤其是在当今我国大力倡导素质教育的大环境下，作为体育教师一定要认识自己的责任和社会地位。体育这门课程最大的优点在于理论和实践联系得十分紧密，所以反思性教学非常适合体育这门课程。

教师职业化已成为一种必然的趋势，体育教师在教学过程中一定要大胆地进行创新，在传统教学方式和手段上一定要融入一些新的理念。不管是刚步入工作岗位的年轻教师还是经验丰富的老教师一定要不断学习，对专家提出的见解不能一味地接受，要敢于挑战权威，当今社会教师不仅要学会传授知识，更重要的是要使自己的角色发生变化，使自己成为一名科研人员。体育教师只有不断提升自己的科研能力才能促进自己全面的发展。在日常教学活动中，体育教师可以借助多种手段不断地进行反思，通过反思发现自己的缺点和不足，通过进一步的学习使自己变得更优秀。

三、情境教学方法发展与运用

（一）情境教学方法概念与解析

教育教学新理念是教师主导、学生主体。情境教学法在关注教师主导地位的同时更加强调发挥学生的主体作用，培养学生学习能力。教师在体育课上的传授简而言之就是让学生通过身体锻炼，学习相应的技术技能，把情境教学法运用到体育课堂的教学中去，教师创造吸引学生的情境，引起学生参与身体练习的冲动，教师在教学过程中适当引导学生进行正确的练习，取得相应的课堂教学效果。情境教学法能够贯彻教育教学新理念，把教师的教和学生的学有机地结合在一起。

（二）情境教学方法优化体育教学的理论依据

①情感和认知的相互作用。情境教学法要求创立一定的教学情境，使学生们在这种情境中愉快地学习，轻松愉快的学习氛围无疑可以提高课堂教学效果。

②认识的直观原理。情境教学设定一定的情境，把要学习的内容直观地展现在学生面前，促进学生的思维扩展，加快学生学习新事物的速度。

③思维科学的相似原理。相似原理反映了事物的同一性，例如，学习一种事物可以通过学习其他相似事物，情境教学中设定的其他相似事物能激发学生学习的兴趣。

④有意识和无意识心理。情境教学充分调动学生的无意识功能，诱发这些无意识功能提高学生的认识能力，提高学生的学习效果。

⑤智力与非智力因素的统一。教学是一种认知过程，在整体教学系统中，只有将智力与非智力因素都统一在其中，教学才能取得良好效果。

（三）情境教学方法对高校体育教学的启示和作用

情境教学法自创立以来被运用于各学科的课堂教学，取得了良好的教学效果，情境教学法在今天的教学中仍然是一种重要的教学方法，其存在必然有它存在的价值，将情境教学法运用到体育课堂教学中具有重要意义。

1.情境教学法具有熏陶（或启发）的功能

第一，情境教学能够陶冶人的情感，净化人的心灵。从教育心理学的角度，这意味着人类的情感可以产生好的效果。情境教学中的陶冶功能具有良好的作用，它在日常生活中能够排除人们感情中的消极因素，保留积极因素，促使人的感情随之升华。

第二，情境教学具有启发的功能，在学生的学习过程中促使学生发散思维，积极动脑，锻炼学生自主处理困难的能力。情境教学发生在社会生活当中，通过对社会关系的改造影响学生。就像是学生中的榜样作用、逼真的语言描述、课堂的角色扮演、音乐欣赏、野外郊游等，都是把教学的内容引入生动的情境之中，这将不可避免地产生潜移默化的影响。换句话说，情境教学中所设定的具体场景，通过提供的一些线索来调动人们的思维，通过内部整合的作用，人们会洞察或产生新的认知结构。情境教学设定场景所提供的线索是用来启发受教育者的。例如，一个人在特定环境中遇到难题，因为一个提示或者遇到一些启示，它便能成功地解决这个难题。情境教学法的功能值得我们深入研究，将情境教学法运用到体育课堂教学中更是对现代教学法的深入探究。

2.情境教学法在各个学科教学中的应用效果

情境教学法在各学科的课堂教学中取得了良好的教学效果，例如，在一节初中数学课堂教学中，教师首先向学生们讲述了三角形的一些概念，学生们了解了三角形的一些概念，教师要进一步给学生讲解组成三角形的元素之间的相互关系，这时候教师制作了一些道具，他拿出五个硬纸条，把其中两个用钉子固定起来，可以转动，这两个硬纸条分别长20厘米、30厘米，把其余三个纸条分别涂成黄色、红色、黑色，其中黄色纸条15厘米、红色纸条10厘米、黑色纸条60厘米。现在要用这三个硬纸条和固定的两个纸条组成一个三角形，让同学们动手操作，用哪种颜色的纸条合适？几个同学上来依次尝试，学生发现黑色和红色的纸条都不合适，只有黄色纸条合适，这时，教师尝试着启发学生去研究问题，学生自己动脑发散思维，最终明白"三角形任何两边之和大于第三边"这个基本定理。

在教学中我们设定这种情景，让学生自己思考研究，解决问题，获得知识并学会分析问题的方法，对于学生能力的发展具有重要意义。情境教学法运用于课堂教学已经证明了情境教学法对学生发展的有益性，把此方法运用到体育教学中，探究情境教学法是否适用于体育教学，对体育教学有重要的意义。

3.促进学生个体主动性的发展

体育教师在进行体育课教学时，设定相应的情境，引起学生们各种有益的情绪反应，提高学生们运动参与的动机和欲望，促使学生个体富有感情地参与到体育活动中去，进行刻苦训练，进而提高学生体育动作的熟练度，形成动作技术自动化，达到制定的教学领域目标。通过情境教学方法的运用，促使学生将运动兴趣转化为运动技能，从而引发体育终身学习的理念发展。

（1）持续性

学习活动贵在坚持，只有持续性的学习才能保证教学效果的实现，也只有持续性的学习才能使得教学与时俱进，真正在实践中发挥应有的作用。具体到体育教学更是如此，作为一项实践性极强同时对学生的身体综合素质具有重要影响的教学内容，其能否实现持续性是教学效果能否实现的关键性因素。

在传统教学中，课堂教学的结束往往意味着教学的终止，高校的体育课堂更是如此，许多学校体育课对学生而言是"休闲课""玩耍课"，简单的集合训练之后，对于很多学生而言，解散口令就宣告了体育课的结束，连有限的课堂时间都没有充分利用，课后的自我学习更是困难，这样的教学模式及其教学效果可想而知。

在自主学习模式中，由于教学紧紧围绕着学生的兴趣爱好及个人特征展开，教学模式很大程度上能够得到学生的认同，其围绕教学目标进行的自主学习活动是在教师的引导规划及同学的配合帮助下依靠学生自身推进的，而这样的学习活动很大程度上已经脱离了课上及课外的概念，其强度和进度由学生自主把握，因而，这样的学习活动必然具有较强的持续性。对于自主选择的学习内容和学习方法，学生往往表现出极大的兴趣，而在教师的监督和引导之下，这种兴趣可以较好地转化为学习的动力，而当学生的兴趣被激发出来之后，体育教学可以发生颠覆性的变化，即由阶段性学习向持续性学习转变，这两种学习模式的源动力存在巨大差异，很明显，持续性学习的动力更加强大，可以保证学习持续性地进行。因此，体育教学中应用情境教学法，在学习过程中，学生的兴趣爱好，知识模式的不断更新，教师的引导和配合，都可以成为持续性学习的动力来源，这样就保证了学习的持续性。在高校体育教学中我们可以看到，体育课堂的积极分子无一例外全都是各项体育运动的爱好者，究其原因，很大程度上在于这些学生对于体育的学习是持续的，他们具有源源不断的学习动力。以篮球教学为例，在传统的体育教学中，教师通常简单讲解一下篮球的规则和打法，然后组织大家分组练习，应该说更多的空间还是留给学生自己。但是，这样的模式虽然给予学生自主学习的空间，但没有建立其相关的模式，学生的自主学习往往不能推进，学习不能持续。对许多学生而言，一下课，相关的学习便宣告结束，这样的教学深度显然不够，持续性也严重缺乏。而如果应用情境教学法，激发学生的自主学习，他们会自发地关注与篮球运动相关的信息：篮球规则有什么变化，出现了什么新的打法，最近有什么重要的比赛……对这些信息的获取客观上给我们的教学带来了极大的便利，同时也使学习由课堂扩散到生活，使得学习具有了持续性和连贯性。

（2）高效性

教学效果取决于教学双方的因素以及选用的教学方法，传统的教学模式将关注的焦点集中到教师和教学方法的改革创新上，却往往忽略学生的因素。对于体育教学而言，由于其和其他学科在教学目标上的不同，可以给予学生更多的自主空间，而学生按照自己思维和规划进行学习，以自己的兴趣爱好引导、支撑自身的学习，其学习效果、效率更好。许多学生反映，在传统高校体育课堂上没有学到什么实质性的内容，究其根源很大程度上就在于教师将教学内容强迫灌输给学生，而在没有调查过这些内容是否符合学生的实际。而在情境教学的实践过程中，学生一旦对某项学习内容产生了学习兴趣，就会自动尝试各种手段去加深自己的理解，也会主动向周围的人求教，这样显然可以大大提升教学的效率。

（四）体育情境教学方法的应用模式

情境教学法对于贯彻体育教学新理念有良好的促进作用，自从情境教学法提出以后，众多学者对这一教学方法进行实验研究，已证明这种教学方法可以融入体育课堂教学。情境教学法对于提高体育课堂教学中学生参与学习的积极性，有巨大的促进作用，并在教学评价中取得了良好的效果。

运用情境教学法，首先要为即将接受体育技术动作的学生创设情境，通过了解学生对技术动作的理解和感受来制定合适的教学顺序以及教学侧重点，目的就是为了让学生更快、更轻松、更主动地进行运动技能的学习。例如，篮球传球练习中的情境教学法应用，教师先让学生自己对墙传球练习，放慢速度、减缓力度等，然后进行双人互传练习。在篮球技能的学习中，无论教师采取情境教学法还是传统教学法，学生的整体投篮水平都会提高，采用传统教学法的对照班学生投篮成绩提高速度相对于实验组（采用情境教学法的班级）的速度要慢许多。情境教学法在体育课篮球投篮教学中相对于传统教学法具有优势。传统教学法和情境教学法都能够提高学生的投篮技术水平，但实验组的提升效果更为明显。在篮球技能的学习中，无论教师采取情境教学法还是传统教学法，学生的整体运球成绩都会提高，采用传统教学法的对照班学生综合运球成绩提高速度明显低于采用情境教学法的实验班学生。情境教学法在体育课篮球综合运球教学中相对于传统教学法具有优势。

因此，教师在教学过程中应该着重研究如何通过情境吸引学生的注意力，悄无声息地将学习内容贯穿于整个教学过程。

在课上，教师引导学生进入特定情境，通过有特点的讲解，让学生充分理解技术动作的特点和重点、难点。教师再根据学生学习过程中的教学反馈变换场景设置，把学生置于限定的场景当中，提高学生参与学习技术的积极性，处于特定环境中的学生，产生怀疑，教师予以讲解，鼓励学生主动去学习，进而完成相应的教学目标。体育教学中情境教学法应用模式如图 6-1 所示。

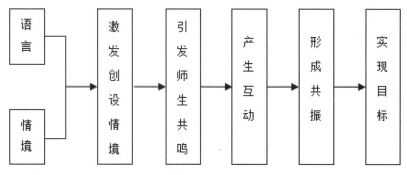

图 6-1　体育情境教学作用过程

四、"双分"教学方法的发展与运用

（一）"双分"教学方法的发展

"双分"教学法就是根据学生在学习中的差异研究出来的，进行异质区分，建立不同的学习目标，制订不同的学习计划，进行有目的的教学。

在实施该教学方法时，也应注意以下细节：首先，对于不同水平的学生进行有科学依据的分层，对于不同层次的学生，进行有区别的、有针对性的展开教学，并要加以技术以及理论的指导，在教学中也应当针对具体情况对于教学计划及时的进行调整；其次，对于学生的分层，应在学习一定时间以后进行调整，注重分层的"流动性"，按照一定时期内的学习进度、学习能力、接受新鲜事物的能力进行调整，从而减轻学生的学习压力，增强学生的学习兴趣。这样才能更好地诠释"双分"教学法的深层含义与具体的教学方法。

可能对于有些人来说，"双分"这个概念有些模糊。但是实际上，"双分"中的两个"分"是指"分层学习""分组学习"。"双分"教学法把学生们进行不同程度的区分，根据不同的学习计划制定不一样的教学目标，通过不同内容与不同侧重点的学习，完成教育大纲的目标。这种教学法需要水平相近的同学进行合作学习，这样一来，也能促使学生们发挥合作精神。对于"双分"教学法来说，其思想依据是"因材施教"的教育思想。教师可以根据学生现有的知识水平、能力水平与潜力等将学生分成水平相近的几个小组，并进行区别对待。学生按照自己的学习能力与水平，选择相应的学习层次，然后根据实际的学习能力与努力状况等，在后期进行多次调整，这样，就赋予了学生更多的选择权。"双分"教学法实际上是一种课堂教学的新方法，这里的"分层"，实际上是一种"隐形"的分层，老师可以通过平时的调查和评估，准确掌握班内每个学生的学习状况、学习水平、学习能力等，之后，按照学习水平相近的依据对他们进行分组与分层，并可以利用小组合作、分类合作等多种教学形式进行不同方式的教学，发挥教师、学生之间的互动，激发并调动学生们的学习积极性以及能动性。通过学生层次的差异性，培养学生的合作意识，更好地协调班级内每个成员之间的关系，使其优化发展，提升学生整体的学习水平与学习能力，促进学生的全面发展与提升。

（二）"双分"教学法的原则

在"双分"教学法中，需要按照三个原则，进行教学目标的建立与规划。

首先，要遵循"主体性原则"。在教学中，要了解学生在学习过程中的心理变化以及感知，针对薄弱环节以及不清楚的问题，及时进行解答和讲解。

其次，教师在教学过程中应遵循"主导性原则"，教师要知道，自己是教学的主导者。所以，教学方向和教学目标一定要确立好。但是，在教学过程中，教师应该充分了解学生，通过有效的引导，提高学生思维的活跃度，通过整体把控，将学生群体进行划分，进行不同方向的引导。也应让学生在小组之间、小组内部之间获得有效的讨论与探究机会，发展每个学生的探索精神，拓展其思维空间。

再次，应该遵循"全面性原则"，教师虽然在学生群体之间进行了分层次的教学，但对于不同层次的学生以及所教的所有理论知识和专业知识全面的把握。对于学生的学习状况、学习进度、学习能力等有充分的了解。在教学中，要把握每一个细节，做到关注学生，及时跟学生进行交流，保证教学的全面性。

最后，在教学过程中，应当注重对学生素质以及实际掌握的知识，教学方法与教学内容应在学生可接受与认知范围之内。这就是我们常说的"可接受原则"，即"量力性原则"。对于学生们来说，教学内容只有在其可接受、认知、理解、消化范围内，才能够真正地掌握、转化成为自己的东西。只有这样，才可以使学生主动适应，达到提升学习水平的目的，让学生们通过完成教学目标，达到所期望的目标高度。

（三）"双分"教学法的特点

对于"双分"教学法的科学性，我们可以按照从古至今，从中国到国外的历史线索来分析。中国古代伟大的教育学家——孔子，就提出过关于"双分"教学法的新颖教学思想，即"因材施教"教学原则，要求围绕着教学目标，根据学生个体需求以及学生的整体水平进行授课。20 世纪六七十年代，西方国家提出"双分"教学法并进行实践。美、德、韩、日等国都在推广"双分"教学法，并进行创新。在日本，"双分"教学法甚至经历了大起大落，最后被社会各界所接纳。而现今，回看国内的教育改革，学校的上课方法，已经不再局限于单一的形式。从科学性角度来讲，"双分"教学法摒弃了之前学生"齐步走"的教学方式，进行"因材施教""因人而异"。这样一来，可以让每个学生都找到适合自己的学习方法、学习目标等，并且在尊重学生个性发展的同时也满足了学生们的不同学习需要。对于在新课标中提出的"素质教育""以人为本"也进行了很好的诠释与示范。

"双分"教学法具有系统性。首先，"双分"教学法把学生群体分成了不同的学习小组进行教学，为的是符合不同水平学生的学习需要，也有利于老师进行指导与纠正。其次，分组之后不同小组会制定不同的教学目标、教学计划、教学内容等。这种做法符合教学大纲要求，从根源上对学生进行系统性的分类，之后再进行系统性的教学，布置相应的作业等。在学生学习和练习的过程中，老师可以及时发现学生存在的问题，并及时解决问题。

"双分"教学法把课堂结构分成了不同的部分，在教学过程中，可以按照课堂进度、学习能力等进行系统分类，实现教学环节的最大优化组合，系统地分析教学过程，实现教学效率的提升。教师在备课时，也应当研究教材，分析学生的各项能力，对他们进行系统的分层和分组。

"双分"教学法具有明确性。首先，在"双分"教学法原则的指导下，教学目标是清晰的、明确的，在教学一开始就有着明确的教学目标与方向。其次，在教学过程中，教学内容是明确的，教师根据不同的小组与不同层次的学生制定不同的教学内容和目标，该层次是按照学生的学习进度以及难点来规划的，所以教学内容是一目了然的。最后，在教学成果检测的方向以及侧重点上，就更明确了，因为教师已经在教学过程中了解并掌握了不同学生的问题以及薄弱点，因此教学成果检测是有理有据的。

"双分"教学法的流程包括以下几点：首先，运用多种方法对上课内容进行导入，并明确目标；其次，在学习授课过程中，进行同步讲解与不同层次的分化训练，指导与纠正学生；最后，进行复习，深化教材内容，让学生充分理解内容，并转化为内在的东西，在今后的学习中应用。

"双分"教学法具有整体性，包括以下几点：首先，可以把整体性看作教学过程中的连贯性，对于教师们来说，教学目标的合理制定，课程内容的讲解，教学成果的检测是一个连贯的过程，所以，在制订教学计划之前，应该科学地对学生们进行区分。其次，就是小组内部的整体性，老师在平时的教学过程中要注意观察，然后进行有依据地划分，在此基础上，小组内的整体性必然是合理的、高水平的。再次，就是小组间的整体性，小组与小组之间不应当存在较大的差异，应当像阶梯一样，这样，可以让学生有计划、有目标地进行追赶，发挥积极性，进行更高层次的学习。除此之外，就是学生心理与意识的整体性，尽管教师对于不同层次的学生进行了分组与分层，但这么做的目的不是给学生贴标签，而是为了更好地教学，进一步地提升学生的整体水平。最后，就是师生之间的整体性。教师是学习过程的主导者，而学生是学习的主体，在教学中，应当注意教师与学生的互动关系，只有师生间实现良性互动，形成一个整体，才能让更多的学生参到课堂，并得到不同层次的提升，从而提高整个群体的整体性。

（四）"双分"教学法的优劣势分析

1. "双分"教学法的优势

首先，从精神方面上来说，"双分"教学法能够让学生有效明确自己的学习动机，调动学生的学习积极性。因为与传统的教学法相比，"双分"教学法更有助于活跃课堂氛围、提高学习效率、发展兴趣爱好等，"双分"教学法更有利于提高专业技术、增加合作能力、拓展兴趣爱好。"双分"教学法的实施也得到了教师以及学生的一致认可，教师和学生都对这种新型教学模式给予高度评价。

其次，从实施效果上看，"双分"教学法能够让学生更好地认识运动的基本技术，掌握高难度技术，提高实战水平，"双分"教学法的教学效果远远高于传统教学法的教学效果。

除此之外，在使用"双分"教学法的时候，孔子提出的"因材施教"教学思想可以得到进一步的体现。通过"双分"教学法，把学生按照不同水平、不同能力进行分组，使得学习能力相近的学生可以在学习过程中相互讨论，他们在学习方向以及重、难点的攻克上也有很大的共同点。这样一来，可以让学生在学习进度方面实现群体与个人、共性与个性的统一，也可以让学生、家长感受到教育的科学性、公平性、合理性。

"双分"教学法可以在很大程度上提升了老师的教学质量。例如，在排球基本技能教学过程中，"双分"教学法可以充分调动学生实战兴趣，提高学生参与度，使学生在上课过程中更加投入。

"双分"教学法的出现，让我们的教学方法在很大程度上发生了改变，得到了改进。传统教学法是一种广泛的、对学生没有针对性的教学方法。而"双分"教学法可以根据实际的情况，对学生进行区分，进行有针对性的教育，重点解决不同层次水平的学生的问题。我们知道，在传统的教学模式里，教师认为自己的教学任务就是完成教学内容，详细讲解重点内容，最后让学生反复练习，但是如果长期这样，学生就有可能形成只会模仿的不良习惯，学习能力就会变得低下，学生的积极性、自觉性得不到提升。而通过"双分"教学法，可以使学生更好地参与到教学过程中去，进行情景式学习，有的放矢，真正使学到的知识和技能转化为自己的东西，会让学生感受到学习的乐趣并发挥主体作用，让学生全身心地投入教学过程当中去，调动每个学生的积极性，使学生对于重、难点进行积极的探索，大家在相互帮助、共同探索、相互鼓励中，取得更大的进步。由此，"双分"教学法的出现，对于传统教学法来说是一次彻彻底底的变革。

"双分"教学法的实施，使得学生的交流合作能力进一步提升，通过"分层"以及"分组"的教学形式，增加了学生之间的交流机会，形成了交流协作的模式，使学生群体之间可以进行深入的交流，加深了解，并建立新的友谊。在教学过程中，可以进行小组讨论和小组比赛等，通过这些形式的教学，可以使学生加深对于"集体""合作""团结"的认知。学生也可以在实践与比赛中切实体会到"双分"教学法的优势，并让自己获得集体荣誉感。

教师在运用"双分"教学法的同时，也要积极提升自己的教学水平，增长教学能力。"双分"教学法的特点与传统的教学方式是有很大区别的。"双分"教学法需要教师有较高的实践指导能力、强大的理论知识、正确制定教学目标的能力，只有这样，才可以让学生感受到"双分"教学法的优势。在课前，老师要充分做好备课工作，深入了解班内每个学生，如学生们的学习水平、学习习惯、适应能力、认知水平、综合能力等。在对学生的基本情况进行充分调查之后，再进行分组、分层，并为每一位学生制定不同的、适合其学习能力与水平的教学目标、教学计划、教学内容，而且，也要落实到每个学生身上去，对于学生所学习的内容、学习的进度、学到什么程度，都要进行科学合理的控制。所以，教师要花费大量的时间和精力去钻研，并努力提高自己的教学水平、综合素质等。老师的作用，即主导作用，就可以在教学过程中得到充分发挥，为学生的学习创造一个活跃积极的氛围。与此同时，也可以提高学生主动学习的动力，用积极的教学态度，以及提升了的教学水平，去带动学生的学习创造性与主动性。

"双分"教学法的实施，也促进了良好师生关系的发展。在传统的教学模式中，老师和学生之间总是会存在一种距离感，学生害怕或者不愿意问老师问题，这种情况会使得师生之间的关系淡化，使教师与学生之间的交流变少，从而可能会影响教学，使实际教学成果不尽如人意。而"双分"教学法的实施，可以增加师生之间的互动机会，使教师与学生之间距离感减弱，并可以鼓励学生积极地寻求帮助，增强教师对于学生的了解，学生也可以及时地对老师进行学习上的反馈，促进师生之间的感情变得更加融洽，增加老师与学生、学生与学生之间的交流，使老师和学生的关系得到优化。这从一定程度上来说，也对教学起到了一定的积极作用。

在我们沿用的传统教学模式中，教师对于所有学生的教学方法、教学计划以及教学内容的制定都是一样的，没有实质上的区别。这样一来，由于学生们在接受能力和学习能力上存在差异，每个人所学到的东西和学习成果往往因人而异，优秀的学生们可能会认为教学进度略慢，教学内容较为简单，甚至可能出现对教学内容不满意的问题。中等成绩的学生可能学习难度刚刚好，而对于学习能力较弱的同学来说，在学习过程中可能会感到吃力。所以，传统的教学方法可能会让班级内的考核成绩出现"两级分化"的现象，长此以往，分化会越来越明显，会导致学习能力较弱的同学出现学习主动性变弱、学习积极性不高，甚至厌学的问题。而如果采用"双分"教学法，可以避免这类情况的发生。在"双分"教学法的实施过程中，可以促进班级的互帮互助，促进班集体的团结，增加凝聚力。在采用"双分"教学法的教学过程中，我们可以得出以下结论："双分"教学法能够促进团队团结合作精神的发展，增加学生之间技术切磋的机会。教师也可以根据不同能力的同学科学地修改具体的学习计划，制订适合该水平学生学习能力的学习计划。这样一来，就可以让不同技术水平的学生都可以得到进一步的提升，调动学生的学习积极性，促进学习技术与理论的全面发展，在一定程度上也可以避免班级内"两级分化"的问题。

2. "双分"教学法的劣势

首先，对于"双分"教学法来说，第一个劣势就是在对待分组与分层次教学的问题上，家长、学生、教师的观点可能会不同。在老师看来，对学生进行分组和分层次学习，是有助于学生学习与能力水平的提升的。在学生看来，"双分"教学法可能是老师对不同层次的学生进行区别对待，而家长大部分也可能这样认为。但是，只有亲身体验了"双分"教学法的学生们，才会认识到"双分"教学法到底有哪些优势。因此，在"双分"教学法开始实施的时候，该教学方法可能会受到家长和学生的质疑，也可能会遭到一些家长的反对，阻碍"双分"教学法的开展与推广，增加新型教学方法实施的困难度，在学校与家长之间很容易产生矛盾。

其次，在小组内由于各个成员的水平相近，小组内部成员在学习上的交流以及实战教学中的合作较多。但是从整体来看，可能会使得各个小组之间的交流变少，尤其是学习能力水平高的同学和学习能力水平低的同学之间在学习上的交流变少，会导致学习群体之间的"标签"越来越明显。

除此之外，教师很可能会忽略学生自主学习的时间问题。在有些课堂上，同学之间合作次数过多，合作过于频繁。如果合作的次数多了，则可能会导致学生个体独立思考的时间变少，若不重视这一问题，则可能会导致学生在某些问题上出现"抱团"现象，学生会开始不注重以个人力量解决事情，学生的独立思考能力得不到发展。所以，老师在上课的时候，应当从实际的教学情况出发，设计符合学生水平的教学大纲，同时，也要考虑学生自主学习以及独立思考时间的问题。

最后，在"双分"教学法的实际教学过程中，可能也会存在一些问题，例如，老师的存在感会减弱。在进行"双分"教学法的教学过程中，更多的是教师与学生、学生与学生之间的讨论与交流，但是，老师只有一个，在老师与某一个小组互动的时候，其他小组成员可能会无所事事，处于放任自流的状态。因此，在"双分"教学法的教学过程中，作为老师，首先要关注教学的方向与目标，这样就可以对于某一组进行相关问题的引导、提供思路，或者是教师个人对于某一个问题的看法或者是观点，给学生提供理论上的指导，而不是一步一步讲解，帮着学生去进行实验验证，应该给学生提供一定的独立思考空间。除此之外，也应当对于学生的不同思路进行探究，而不是果断地对某一观点下结论，首先，需要引导学生进行进一步的探索与讨论，给学生辩证、反思的机会，能够在学习中、合作中、讨论中，让学生自己找到正确的答案。

（五）"双分"教学方法在排球教学中的运用

根据"双分"教学法在体育院校排球普修课中的实验研究，可以得出："双分"教学法的教学结果要比我们沿用的传统教学方法要理想。而"双分"教学法所呈现的教学效果，可以从教学氛围、教学效率、教学手段、学生反映、评价方式、合作状态等方面进行测评。因此，无论是从实际研究还是从理论分析的角度来看，"双分"教学法要优于我们传统的教学方法，这一点可以从教学效果、上课效率上直观地观察出来。

让"双分"教学法成为教学过程中的主要教学方法，能够使得课堂更加形象生动，不再单一、死板，也可以更好地调动学生的学习积极性，活跃课堂氛围，激发学生的学习主动性、积极性，增加课堂的活跃度。通过一些实战以及比赛的训练，提高学生的专业技术水平、社会交往能力并拓展学生的兴趣爱好。

促使学生提高专业技能、拓展理论知识，也更能够让学生符合全面发展与个性化发展的统一的原则。

在体育院校排球普修课中运用"双分"教学法，可以在一定程度上巩固学生对于排球基本动作的掌握，提高学生的专业技术水平。把不同能力水平的学生进行不同组别的区分，并组建异质小组，也可以让学生在活动中获得集体感、获得感。使学生成为教学活动的主体，更提高了教学的质量，满足了学生们的发展需要，使学生能够得到全面的发展，促进以专业知识与专业技能相结合的综合能力的提高。除此之外，实验证明，关于自垫球、传球等动作，若用"双分"教学法，可以很大程度上提高教学效率，教学效果要比传统的教学方法更好。

在体育院校的排球普修课中运用了"双分"教学法，能够在很大程度上发扬孔子"因材施教"的科学教育理念。如果把学生们进行不同水平的分层，就能够在教学过程中发现学生的特点与共性，也能够充分发展每个学生的个性，实现共性与个性的统一，极大地挖掘了普修班学生的学习潜力。而且，可以更好地体现教育方法的科学性、合理性、公平性，符合素质教育的要求和目标，也可以更好地调动学生学习排球的积极性，对于在体育院校推广以及实施"双分"教学法也起到了一定的推动作用，有利于集体主义精神的培养和竞争意识的发展。

"双分"教学法的实施有利于缩小班级内学生学习水平的差距。老师教学时可以采用多种形式教学方法，这可以对专业水平较差的同学起到很大的激励作用。专业技术较好的学生可以帮助专业技术较差的学生。与传统的教学法相比，"双分"教学法能够更有效地调动学生的学习积极性与能动性，更好地发展学生的合作精神，还可以在一定程度上减轻班级内的"两极分化"现象，对于学生专业能力的提升也有很大的帮助。

五、体育实用运动技能教学方法发展与运用

（一）技巧性教学方法发展

通俗地讲，技巧性教学方法就是在体育教师的指导下，学生通过动作练习等将所学知识进行巩固，并有效形成自己的技能的教学手段。

杨锡让先生[①]在《实用运动技能学》一书中介绍了16种运动技能形成的教学方法，分别是整体与分解教学法、渐进式分解教学法、降低技术难度教学法、相似技术教学法、注意力指向性教学法、集中注意力教学法、反馈教学法、模

---

① 杨锡让. 实用运动技能学 [M]. 北京：高等教育出版社，2004.

拟教学法、仿生教学法、念动教学法、持续教学法、重复教学法、比赛教学法、群组练习教学法、随机练习教学法、固定练习与变化练习教学法。杨锡让先生针对不同学习对象和技术动作的复杂难易程度等对运动技能教学方法进行了细致的介绍。

毛振明、陈海波[①]在《体育教学方法理论与研究案例》中将体育教学方法分为5类：一是以语言传播为主的方法，如讲解法；二是较为直观的方法，如示范法；三是以分解练习法等为主的身体练习方法；四是以比赛为主的方法；五是以发现法等为主的探究性方法。

樊临虎[②]在《体育教学论》中按教师教的方法与学生学的方法将体育教学方法分为两类：指导法与练习法。指导法就是指讲解示范法、预防纠错法等指导性的方法；练习法就是循环练习、游戏比赛等方法。

综上所述，在选择运动技能教学方法时，大多数学者和教师都将目光集中在常规式的教学方法上，与学生的交流较少。教学方法就好比是一把打开大门的钥匙，方法合适，就会获得明显的教学效果，在教学实践过程中，教师应及时更新运动技能教学方法，既不能对传统的教学方法过分倚重，也不能忽视现代教学方法的作用，要将两者进行完美融合，才能起到事半功倍的效果。

（二）开放式运动技能原理在体育教学中的运用

目前，在理论研究上，运动技能学的学科研究范围比较广，研究也很深入，积累了许多相关知识和经验，在实践应用中，许多学者完成了关于运动技能的实验研究，为运动技能这门学科未来的发展奠定了深厚的理论基础。越来越多的体育工作者、教练、教师都明白应该分类组织运动项目进行教学，搞清楚运动项目属于开放式运动技能还是封闭式运动技能，才能设计出有效的训练方法。当今，三大球鼎立于学校体育教学中，都是讲究集体配合、场上变化复杂多样的运动项目，其运动技能属于开放式运动技能，个体需要在多变的环境中，对外界的刺激不断做出调整决策。很多学者从这一角度出发，进行了一系列研究。

我国足球运动一直没能走上国际赛场，中小学足球运动也是弱项。史贵名[③]在《开放式运动技能原理在足球教学中的运用》中谈道：在体育课程教学中，人们对封闭式运动技能已经有一定的了解，学校体育教育对封闭式运动项目训练已经积累了丰富的经验。但是，在开放式运动技能的训练中却存在着诸

---

① 毛振明，陈海波.体育教学方法理论与研究案例 [M].北京：人民体育出版社，2006.

② 樊临虎.体育教学论 [M].北京：人民体育出版社，2002.

③ 史贵名.开放式运动技能原理在足球教学中的运用 [J].黑龙江科学，2019，10（09）：92-93.

多问题，足球是一项团体运动，并有激烈对抗，附带一定危险性，它需要大量的时间去训练；另外足球场地面积较大，基础设施要求比其他项目高，目前存在的种种欠缺与不完善，对于体育教学的发展依然是一大障碍。应充分利用开放式运动技能的优势去教学，促进课堂的多元化，深化足球教学改革，不断提升学生综合实力。

网球项目是集娱乐、高雅、健身于一身的一种时尚小球项目。近几年，网球赛事的开展越来越活跃，热爱网球这项运动的人也越来越多。王炯豪[①]在《基于开放式运动技能学习原理的网球教学逻辑重构研究》中指出：网球运动属于技能主导类隔网对抗性项目，一攻一守根据对手意图决策是典型的开放式运动技能。结合网球运动情境的教学顺序，王炯豪认为在开放式运动技能原理下的网球教学逻辑呈现与常规传统教学逻辑呈现是不同的，前者是从运动技能到运动技术，是"由动到静"，而后者是从运动技术到运动技能，是"由静到动"的模式呈现。根据网球运动的特征，用去情境式的教学法去组织展开教学是不合时宜的。他认为现阶段传统的教学存在很大的弊端，通常教学都是先学习基本技术，然后再组织学生去打比赛，这样的教学逻辑只会让学生机械化地模仿网球基本技术，而在比赛中学生会变得不会打球，他觉得传统的教学模式虽然对学生了解掌握基本技术有比较好的效果，但单一重复的示范讲解教学会严重降低学生对学习的兴趣程度。在教学顺序上，"先静后动"，先进行动作熟练度练习，后进行对抗比赛，这样的教学顺序模糊了学生对情境运动的认知，阻滞了学生对网球比赛的理解。因此，开放式运动技能的学习原理不是否认运动技术学习的重要性，而是在此基础上强调学生要在整体环境中去学习运动技术，并在具体环境中合理运用，提高运动技术的实用性。

羽毛球在项群理论范畴里面属于技能主导类隔网对抗性运动项目。场上队员虽然隔网，没有身体上的对抗，但要求运动员动作精细，反应灵敏，一场球下来耗能巨大，很多学校现在都已开展羽毛球课程。羽毛球项目不仅有封闭式的单纯技术练习，还体现出多变的环境中队员的意识情况，战术的执行力和预判并瞬间决策的能力。因此，单纯的封闭式技术熟练度教学不能使学生从真正意义上掌握羽毛球运动技能，还须抓住开放式运动技能的特征，结合开放式运动技能原理围绕具体情境变化。属于开放式运动技能运动项目的教学方法运用应强调"整体性"特征，切忌在教学中不合实际地将动作随意分解教学。

现今不管是高校还是初中小学，课堂教学模式大都趋于死板没有灵活性，

---

① 王炯豪. 基于开放式运动技能学习原理的网球教学逻辑重构研究 [D]. 长春：东北师范大学，2019.

要抓住运动最初的技能本真，既然是开放式运动技能，就务必提供开放的环境、具体的情境去组织课程项目教育。其实，很多运动项目技术动作复杂多变、具有不可预测性，却偏偏有人痴迷其中，这也是该运动技术体系的内在本质和真正的趣味核心所在。有对抗就组织对抗，有情境就导入情境，不能偏离运动本身技能结构体系，因此，对于开放式运动技能而言，在课堂教学中应该设定真实或者模拟的情境去完成学校体育课程教学，这样，学生才能更好地认知运动的多变性，才能使学生从真正意义上掌握运动技能而不是技术，真正提升该类项目的运动能力。

综上所述，开放式运动技能原理在校园体育教学中已有相关研究，而且都有项目本身独特的教学效果。

（三）案例分析——开放式运动技能原理在篮球教学中的运用

开放式运动技能原理四个阶段与篮球教学相结合理论分析也是教学的理论基础。

1. 本体感知阶段

这是开放式运动技能的第一环节，往往也是最容易被忽视的环节。特别是在高水平的篮球比赛中，往往能很好地体现出来。在篮球传球时，经常通过隐蔽的手法巧妙地将球传到队友手中，完成漂亮的技战术得分。队友也通过自身感知能力，观察场上的变化，接到队友之间的瞬间传球，防守者也经常做出抢断。在篮球场上，特别是 NBA 顶级水平的赛场上，经常看到神奇预断截球，防守者通过感知对手传球的动作，并猜想对手的传球意图与路线，才能精准地将球抢断下来，无论是进攻时还是防守时，这些人总是出现在关键合理的位置，找好最恰当的时机，这离不开他们良好的感知能力。

2. 环境外显特征阶段

这是开放式运动技能的第二环节，这个阶段主要指外界环境的变化对运动员的影响。场上的一切变动，包括对手防守的站位，队友跑动的路线都是能通过视觉观察的。在比赛中，持球人不仅要注意队友的切入时机，还要控制球的方向。了解其他团队成员的所在位置和站位，有效地与其他团队成员合作，撕破对方的防守。在此过程中，团队球员之间应利用视觉及时观察外界刺激。这包括同一支球队的球员，另一支球队的球员，以及球的位置和比赛的方向。即使是裁判在场上的跑动也会被视为外界的刺激。运球的运动员需要把注意力集中在球的位置，以便有效地控制球。这就是所谓的视觉第一目标。同时，运球人还需要了解队友和对手的位置，这被称为视觉第二目标，即外界的变化被视觉所接受。在传球的过程中，有时需要观察多个目标才能有效地传球配合，但要有效地利用这些视觉信息并及时做出合理动作是相当困难的。因为大多数球员都倾向于把注意力集中在球上，而不去注意队友和对手的位置，所以球容易受到防守人的干扰甚至直接截断破坏传球路线。正是因为外界环境的复杂变化才造成了种种可能，也让传球人面临种种选择。

3. 决策阶段

根据上述两个环节的环境变化，运动员必须在有限的时间内做出决策。这个决策的好坏程度跟两个重要因素有关。第一是决策的时间长短，在体育运动项目中，时间往往是决定成绩的关键所在，不管是时间的利用还是完成项目所需的时间都是很重要的。比如，在篮球传球教学中，持球人不管是在行进中，还是在停球后，都需要时刻观察篮球场的情况，包括队友的位置，队友附近对手的位置，队友是否能稳定接住自己的传球，而不被防守者破坏。所以在篮球传球教学中，决策务必瞬间做到，我们在很多比赛中见过出其不意的传球，对手都没反应过来就直接得分。当然这需要慢慢培养一定的能力。第二个因素是决策的合理性。一味地单打，最后草率进攻浪费球权，这是不合理的，篮球是一个团体运动项目，是五个队友共同的体育游戏。在篮球传球教学中，我们还是要关注场上的状况，场上的哪一个队友拿到球后会给对方形成最大的威胁，就应该找机会把球传给这个人，这取决于运球人的一个决策。在篮球比赛中，本体决策阶段受到很多因素的制约，有的时候过分依赖同队中核心球员，忽视有最佳机会的队友，往往会浪费机会。比如当家球星面对两个人的包夹时，必定会有一个队友没人盯防，把球传到他的手中，才是最佳的决策。

4. 本体应答阶段

作为运动技能的最后一个环节，这也是教学中最为重要的一个阶段。前面的三个阶段都是为它铺垫，通过人的外在形式表现出来。这个环节大体涉及两方面的因素。

一是运动技术的熟练性。相关研究表明，一个运动员如果达到世界体育高峰，取得摘星揽月的成绩，他的基本功一定非常扎实。不管是哪个体育运动项目，团体球类、个体田径还是艺术体操都需要在基本功上花很多的时间去练习，这些训练必须是科学的、系统的、并持之以恒的，即使是在高水平运动员的训练中，基本技术训练都应占相当大的比重。在篮球传球教学中也是如此，原地胸前传球，行进间的传球这些基本功都需要练习。

二是运动技术的特殊性，在本体应答阶段，经常会出现特殊的技术形式，在篮球比赛中表现得更为明显。在篮球比赛中也正是因为这些巧妙的传球，增加了比赛的观赏性。在运动员所掌握的技术群中，那些对其获取优异运动成绩有决定意义的技术是能够展现个人特点或优势、得分相对较高的技术。在训练中，也应该强调这方面的训练，精益求精，力求在比赛中成为获得高分、克敌制胜的关键法宝。

第三节　高校体育教学方法的选择

一、合理选择体育教学方法的意义

（一）教学深度化——注重体育运动思维的培养

体育教学在我国教学体制中发展多年，随着经济一体化程度的加深，体育学习的重要性也在日趋突出。以前体育课程的学习乏味、枯燥，强调动作要领、知识点的死记硬背。显然，根据现代教育理念，这种学习方法已经不再适应学生的需要。现代学习基于由内而外的自主学习，不再崇尚"注入"式的由外而内的学习过程。体育教学内容的学习也应当顺应这一理念，关注体育运动发展环境和体育运动思维的建立，重视体育发展的逻辑宽度和深度，从而将高校体育学习深度化，构建高校学生对体育的深度学习。学者们普遍认为深度学习就是在学习者原有知识和生活经验的基础上，通过图像、声音、文本使其能够构建出综合运用知识的实用体系。

深度学习理论的构建是一种综合性实用主义的发展学习理论。追究对思维的深度和广度的双向拓展施教，最终使学习者将学习动力转化为内需，同时，建立起学习精神和深度学习的和谐统一，完成自主学习和自由学习的融合。之所以在高校体育教学中构建深度学习能力的培养机制，也是基于现代高校教学理念的基础，运用合理教学方法帮助学生将所学内容积极运用融合到社会实际当中。

（二）教学方法多元化——重视教材的单元主题意义

在高校体育深度学习的培养过程中，要看重教学单元内容与教学方法的关联性。体育教学的目标、教学计划、教学内容等要以教学单元主题为基础，辅助施教，要让单元主题和内容在合理的教学方法运用过程中有鲜明的、显著的存在，具有整体性。要让学生在学习时能够针对单元主题内容展开提问和反思，形成学习结论。这是体育教学方法合理选择的目的和初衷。脱离教学单元实际内容的开展，体育教学就失去了学习的目的意义，无法体现学习效果。

（三）教学目标——培养学生自我主导性的学习能力

深度学习追求的目标就是要实现学生自主学习能力和知识综合运用能力。在高校体育教学和学习过程中，高校学生大部分还没有构建对体育运动的独立思维和学习的意识，这就需要外界引导他们逐渐建立学习的主动性和思考性。选择合理适宜的教学方法也是基于构建学生自学能力，通过真实场景的运用和适度教学方法的结合，将学习内容贯穿其中，让学生自己发现问题，思考问题，最终解决问题。这种问题思维能力的培养奠定了主动性学习模式的建立基础。

二、选择体育教学方法的依据

（一）以体育教学的最终目标为依据

"以学为主"体育教学方法的设计、实施体现了"以人为本"的理念，体现了学生是教学主体的思想，体现了教学目的要通过学生来实现的思路。在增强学生体质、提高学习效果、培养学生创新意识等方面，"以学为主"体育教学方法优于"以教为主"体育教学方法。对体育教学方法的研究为体育理论增加了亮点，为创新教育提供了方法指引，也为一线体育教师实施体育教学提供了参考。

"以学为主"的体育教学方法和"以教为主"的体育教学方法并没有严格的界限，体育教师应当把握两种教学方法的理念、设计思路和操作方式，以便更好地实施体育教学方法，提高体育教学效果。

高校体育教师在设计、使用、创编体育教学方法时，多从"以学为主"教学方法的角度出发，多应用此类方法。真正把培养学生放在首要位置，不但要发展学生的体能、技能，还要培养学生的情感、态度、创新意识，锻炼创新能力。

（二）以课程内容特点为依据

1. 教学资源的精品化和精细化

体育教学的理念和方法与传统意义上主科课程的教学方法有异曲同工的特点，那就是教学资源的深度挖掘。由于高校学生具有自由发展的特点，学生内在差异性开始增大，对于教学来说，就必然要寻求整体性的基本特征，贴合教学单元内容进行教学资源开发设计。

在备课过程中，要以学生的普遍特征为基础选择适合学生能力、兴趣的教学方法，同时，对应教学单元内容特点，要选择能够将教学内容内涵进行知识迁移或者外延的适宜教学方法。

2. **教学过程的个别化和个性化**

在体育教学过程中，每个教学环节应当选择适宜的教学方法进行分解施教，同时，针对不同能力和接受程度的学生也应该及时调整教学方法进行个别施教。而在整体上，根据运动技巧或接受能力将学生进行归类，选择不同的教学方法进行因材施教，以求激发学生的个性化体育发展和自主学习能力。

（三）以学生实际情况为依据

教学是师生共同完成的，学生是主体，起到内因作用。要取得好的教学效果，发挥学生的积极性，实施因材施教是必不可少的。现代体育教学体现了区别对待，尊重学生，进行民主教学。以讲解、示范、纠错为主的教学方法也变成了以探究、自主、小群体为主的形式。体育教学方法的改革也应树立全新的教育理念，更加关注学生的主体性、全体性、社会性、创新性等。

高校体育教育需要不断创新，不仅实现教学理念上的突破，还应该进行实践教学的变革。然而，高校学生作为即将步入社会的青年，已经具备了一定的社会性特征和个体性发展特点，基于这些，选择高校体育教学方法时必须要以学生实际发展情况为基础，结合学生的发展特点选择适宜的教学方法。比如说，在体育教学过程中，高校的学生由于拥有自己的世界观和价值观，在学习自主和创新方面具有不同程度的差别，这主要表现在：第一，学生创新意识、学习效率的评定既复杂又难以量化，仅靠从心理学领域借鉴一些思路来研究体育教学方法的运用未免不太准确；第二，创新教育理念只是理念，体现在教学的方方面面，教学方法只是教学的一个要素，需要与其他要素一起共同改革才能实现教育创新的目标，况且把理论应用到实践中还需要克服很多障碍。但我们相信，经过体育工作者的不懈努力，理论与实践的结合会越来越紧密，体育教学方法的改革也会越来越深入。

（四）根据教师自身情况进行选择和运用

随着社会的发展，素质教育在我国已受到人们高度的重视，体育教育作为素质教育的一个重要组成部分也引起了人们的高度关注。高校体育课程要求学生掌握多种基本技能，培养学生终身锻炼的意识。作为高校体育课程的实施者——高校体育教师在教学过程中应该改进传统的教学方法，尤其是中年教师和老教师应该适当改进传统的教学方式，在平时应该多关注国家教育方针的变化和国内外教育理论的研究成果。

就教师而言，教学方法本身只是手段，不是目的，使用体育教学方法要因人、因时、因条件而宜，选择适合学生、适合自身的体育教学方法加以施教。针对学生而言，要积极主动地参与讨论、探究，掌握学习方式，启发思维，进行自主学习、合作学习。

教师的专业化发展，已成为目前国际教师教育改革发展的趋势，受到许多国家的重视，我国也不例外，教师的专业化发展也是教育改革的热点课题之一。随着社会的快速发展，高校教育改革如火如荼。国家出台了一系列教育改革方案。教学提倡以学生为主体，教师为主导，这就要求教师要不断地研究学生的特点，了解学生的需求，根据学生的特点和需求，不断地调节教学计划和教学策略，以适应教学改革的需要。教学改革对教师提出了更高的要求，在新形势下，教师要不断地调整自己的教学策略，以适应教学改革的需要。在教学改革中，教师的工作职能与教学改革之前相比发生了巨大的变化，教师劳动的复杂程度和创造性加强，教学的质量与教师的专业化水平密切相关，教师是教学改革的直接实施者，教学改革的理念要通过教师的教学活动在课堂中体现出来。因此，世界上许多国家兴起了针对提高教师队伍整体素质的教育改革运动，教育改革的重点从重视教师对基本知识与基本技能的传授，转变到关注教师作为"人"的发展方向上来。教师教育改革的范式，也由关注加强教师外在的培训，转变为关注教师自身、自主发展，使教师从对自身教学实践过程的反思中获得专业知识和技能的发展。

举例来说，反思性教学受到了教育界广泛的关注。反思性教学与传统教学模式在教学工作中有着截然不同的表现。反思性教学要求教师对自己的教学行为进行批判性的分析，并且要对自己的教学行为完全负责。而在传统教学中，教师在完成自己的教学工作后，一般很少对自己的教学行为进行反思。随着社会的发展，学校也不再是一个"世外桃源"，它在发展中也表现出了教育价值观念的多元化。在这种情形下如何定义教师的专业化成长，成为现代社会普遍关注的问题。而反思性教学的观点正好满足了现代社会教育对教师专业化教学素质的最基本需求，为社会及教育主管部门重新审视教育教学工作的基本性质、提高教师队伍专业化素质水平提供了新的思路和新的途径。

（五）根据教学方法的适用范围选择和运用

体育教学方法发展至今，有多种多样的形式，这对高校体育教学的开展也会造成应用选择上的困扰，究竟如何选择体育教学方法，选择什么类型的教学方法，是体育老师在课前设计时的一大难题。面对诸多体育教学方法，单纯地依靠教育理念显然略显单薄，不能植入体育课程的讲授精髓。在高校体育教学过程中，体育老师必须对每一种教学方法深知熟识，既要了解教学方法的具体操作流程和应用范围，更要解析具体教学方法的施教效果，这样才能灵活而且有效地运用这些方法实现体育教学的目标。具体来说，在选择适用的体育教学方法时，应该考虑以下内容。

首先，体育教学方法多数是移植教育学、心理学、训练学等学科的方法，每种方法的应用都是有条件的，要想在体育课中发挥应有功效，需要更深层次的研究。一些体育教师在实施教学方法的过程中陷入了误区，如把"合作学习法"实施成"自由学习法"，把"鼓励、激励教学法"实施成"绝对表扬法"等。

其次，体育教学方法影响因素很多，有些在短期内难以实现改变，并且也不是仅靠师生就能改变得了的，如应试的考试制度、办学条件等。有些问题需师生经过长期艰苦的努力才能克服和解决，如教育理念的转变、教学技能的提高等。

最后，如何把教育理念具体化到方法和行动中，如变"重认知"到"重情感"，变"重技能传授"到"重能力培养"，变"重结果"到"重过程"，变"重教师"的"教"到"重学生"的"学"，变"重教法"到"重学法"，变"重继承"到"重创造"等，需要长期不懈地努力。

（六）根据教学时间和效率选择和运用

在运动技能形成的不同阶段，对教学方法的选择有所差异，要在合适的时机选择合适的教学方法，如表 6-1 所示。

表 6-1　运动技能形成不同阶段教学方法对比

技能形成的阶段	适宜的教学方法
初步掌握阶段	讲解与示范法、问答法、分组讨论法、多媒体教学法、降低技术难度教学法、分解法、相似技术教学法、游戏法、保护与帮助法、启发法、比较法
改进与提高阶段	讲解法、正误动作对比法、直观教学法、反馈教学法、完整练习法、鼓励法
巩固与运用自如阶段	重复与变换练习法、语言指导法、加大难度练习法、系统练习法、合作练习法、比赛法、循环练习法、语言指导法、发现练习法、情景教学法

1.初步掌握

在运动技能初步掌握阶段，要多运用语言讲解法，使学生在脑海中建立动作的初步概念。这个时候讲解要精简扼要，突出重点；最重要的是教师要熟练准确地示范，让学生对动作概念有较为准确的把握。这个阶段可以适当降低技术难度，将复杂的动作尽量简化。

2.改进提高

在改进提高阶段，要精讲多练。可以采用正误动作示范法，用正误两种动作鲜明的对比，加强学生对正确动作的认识，消除错误部分，巩固正确部分。这个阶段以练习为主，纠正错误，并且在教师的指导下，逐步消除牵强、多余的动作，形成正确的动力定型。

3.巩固与自动化

在巩固与自动化阶段，以循环练习法和比赛法为主，适当加大动作难度，变换练习方法，通过反复练习，提高学生技能水平，同时，在各种比赛的条件和相互竞争的情况下，提高学生合理运用动作技术、战术的能力。

三、体育教学方法的选择和应用原则

（一）目标性

教师在选择教学方法时应该综合考虑教学任务和内容，依据不同的目标选择适宜的教学方法，如表 6-2 所示。

表 6-2　依据不同目标适宜的教学方法

不同目标		适宜的教学方法示例
教学任务的不同	新授课	讲解法为主，示范法为辅
	复习课	练习法、比赛法为主，讲解法为辅
教学内容的不同	器械体操、游泳等较复杂的技术动作	分解教学法为主
	跑步、投掷等动作连贯且较简单的技术动作	完整教学法为主
	集体项目	小群体教学法、合作教学法
	球类运动	领会教学法

学生的具体情况	运动基础薄弱	降低技术难度教学法、形象教学法
	运动基础较好	增加技术难度教学法、循环练习法

第一，要依据体育课的目的与任务来选择教学方法，例如，如果是新授课，就得更多地运用语言讲解法和示范法，让学生对所学习的技术动作有整体的概念，通过教师的示范能一目了然。如果是练习课，就要以练习法、比赛法为主，以讲解法为辅。

第二，教学内容不同，自然对教学方法的选择也不一样，例如，器械体操基本上使用分解教学法，而跑步、标枪等投掷类项目的教学则适合使用完整的教学法，枯燥的项目尽量使用游戏教学法，而锻炼性项目就适合运用循环教学法等。总之，教师要根据运动技能的性质和具体内容灵活地使用教学方法。

第三，要根据学生的实际情况来选择不同的教学法。例如，对于初学一项技术的学生来说，不适宜使用正式的比赛法，对于体质不好的学生不适合采用循环教学法，对于运动基础较好的学生可以使用增加技术难度的教学法，进一步提高学生的运动技能。

第四，不同教学方法的使用需要的时间是不同的，当然，效率也有所差别。因此，在实际的课堂教学过程中，选择教学方法时要考虑到时间是否充裕，效率是否良好。好的教学方法应该是耗费较少的时间而能够取得较高的学习效率的，从而起到良好的效果。

（二）有效性

教学方法的有效性是在进行体育教学方法选择时的一个关键性原则。现代体育教育考量的就是能够通过体育教学的开展塑造高校学生多向发展的综合社会观和运动技能运用能力。当前，高校学生的综合素养培育已经被深度关注，传统的单纯注重主科成绩而忽视综合素质评价的培育理念已经被淘汰，高校的教育质量越来越趋向学生的整体全面评价，而体育教育的施展是培育学生自身发展理念和体质优化的重要途径，被赋予全新的现代施教意义，基于此，体育教学开展的具体教学方法应用就必然要依托体育教育目标进行优选，从而提升教学方法有效适用性。

1.关注学生的主体性、全体性

培养学生的学习主动性、能动性和创造性成为教学普遍追求的一种趋势，体育教学也不例外。体育思想实现了由"体育手段论"向"运动目的论"的转变，教学方法设计的重点由"教法"向"学法"的转变，教学方式由"教授"向"指导"的转变等。接受全体性教育是每个学生的"权利"，不让每一个学生"掉队"是教师的应有责任。体育教学方法的设计和应用越来越重视对不同水平学生的区别对待，让每个学生都能体验到成功的喜悦，确保全体学生都能得到提高和发展。

2.关注学生的社会性

体育教学是培养学生合作、竞争、正义、奉献等社会美德的有效途径。体育教学方法的选择，恰恰能给学生提供这样的条件和机会，如合作性学习、群体讨论法、辅导帮助法、榜样激励法等，不但能培养学生团队精神、集体意识，而且能起到乐于助人、规范行为、友善交往的作用。

3.关注学生的创新性

培养学生的创新性成为教育的神圣使命。体育教学同样要善于挖掘学生的创新潜质，培养创新意识和创造力，如技术动作创新、规则创新、组织形式创新、学习方式创新等。体育教师要允许学生走"探索的弯路"，多激发学生的求知欲、好奇心、创新思维，多给学生友善的鼓励和指导，多给学生提供创新的机会和环境。

（三）适宜性

体育教学中的方法选择适宜是实现体育教学目标的关键，能够起到事半功倍的效果。例如，在球类教学活动中，选择比赛法增强学生运动的对抗能力，选择情境教学提升学生的社会实践运用能力，同时激发学生的体育自主学习能力。在一些动作要领的基础讲解过程中，使用直观图例讲解和反复练习法相结合的教学方法，又能起到促使学生领会动作要领和精髓的目的。

适宜的教学方法能够使学生初始接触教学内容时快速领会教学的学习内容，高效地完成学习计划，从而提升教学的质量。

（四）多样化

体育教学的效果取决于体育教学诸多要素构成的合力，不可能仅靠教学方法单因素的改革就能达到提高教学效果的目的。

在体育教学过程中，教学方法的应用和实施渗透着教育观念、思维形式，这些非智力因素的提高需要时间和过程，而现实教学条件（课时多、训练累、设备不够、学生差异大等）制约着体育教师转变思想、更新观念的过程，导致体育教学方法的改革有形式而无实质。

体育教学需要多个因素的协调配合才能达到理想的效果。教学活动最基本的要素之间相互联系、相互制约。作为其中一个要素的体育教学方法连接着体育教师和学生，又受制于课程，这么核心的一个要素必须与其他要素相互配合、相互协调方可实现教学目标、完成教学任务，切实提高体育教学质量。应该主张每个教师都努力提高自己的教学修养，掌握多种多样的教学方法、手段和技巧，形成高超的教学艺术和教育机制，能因人、因时、因地制宜，灵活运用。在思想方法上关上形而上学的门，打开唯物辩证法的门，不断开拓、不断创新。

综合高校体育教学的理念、思维导图、设施条件，在教学方法选择应用上应该充分进行多元化考虑，引入多样性教学方法综合开展机制，让高校体育教学能够得到有效的施教作用。

第七章　高校体育教学内容的改革

体育教学的内容来源于人类发展的各个时期，因此，每个阶段的体育教学内容都具有很强的时代性。我国的体育教学经过了数十年的发展与摸索，对于全国每一个体育工作者来说，必须要面对体育教学内容的改革问题。同时，体育教学的参与者们对此也是情绪高涨，更重要的是它还是体育教学发展的必经过程。本章分为高校体育教学内容的现状、高校体育教学内容的目标与要求、体育教学内容的革新发展、高校体育教学体教融合的意义与发展四部分。主要有体育教学内容概述、高校体育教学内容中存在的问题、传统性体育教学内容的目标和要求、针对高校体育教学实践内容的分析、我国高等体育院校体教融合的概念等内容。

第一节　高校体育教学内容的现状

一、体育教学内容概述

（一）教学内容

关于教学内容的定义，学者们从不同角度对其进行了阐释。有的学者认为，教学内容"是学习者在学校指导下获得的全部经验"。而在欧美，教学内容这一术语常被用于教学设计领域，指的是在某个科目、某一单元或一节课，甚至是课上某一具体的教学活动中，作为师生教与学的对象，即具体的知识、主题、事实、观念和原理等。也有学者从以下三个方面来理解：第一，教学内容是学生主要的认识对象和知识来源。教学内容一般指学生在教学过程中必须掌握的知识和技能，以及智力与思想发展的总称；第二，教学内容是实现教育目标的基本条件之一；第三，教学内容是通过课程体现的。

教学内容的历史最早可追溯到原始社会时期，当时还没有专门的学校，都是有经验的长者向儿童传授生产经验、生活准则、风俗习惯等内容，这些直接经验就构成最早的教学内容。随着生产力的发展，文字的产生，阶级的形成，早期较为初级的学校诞生于奴隶社会，教学内容也就不断丰富，并逐渐形成了一定的学科体系。如西方奴隶社会时期古希腊学校以体育和军事训练为主要教学内容；而雅典的学校以读、写、算、音乐、体育为主要教学内容。到了封建社会，欧洲的学校大都由教会举办，教学内容不可避免地受其影响，以宗教教义为主。在资本主义时期，教学内容更加丰富，随着生产的发展和科学的进步，学校教育不断繁荣，学校设置的学科种类日渐增多。

（二）体育教学内容

体育教学内容是为了达到体育教学目标而选用的体育知识和技能的体系。它是在体育教学实践中教师教与学生学的实际材料。随着社会的发展，体育教学内容不断更新和发展。体育教学内容具有时代性、动态平衡性、发展变化性。体育教学内容是依据体育教学目标选择出来、根据学生发展需要和教学条件进行加工的、在体育教学环境下传授给学生的体育知识原理、运动技术和比赛方法等。

体育教学实施的理论参考依据是体育教材，体育教材内容经过体育教育者的研究筛选、加工、设计、实施，结合受教育者的身心发展规律而成为体育教学的内容，体育教学内容与体育教材内容不同。体育教学内容是体育课中进行体育教学的具体内容，选自体育教材内容。

（三）高校体育教学内容

体育课程的核心是体育课程内容，体育课程质量的高低取决于体育课程内容的设置。对体育课程内容现状的分析主要包括两个方面：体育理论课程内容现状和体育实践课程内容现状。

1.高等学校体育理论课程内容

通过对体育理论的学习，学生可以正确认识体育的价值与功能，明确学习的目的与任务，培养终身体育意识。目前，高等院校对体育理论课的学时安排较少，大部分高等院校对体育理论课的重视程度不足。此外，大多数高等院校将体育理论课安排在天气条件差时进行。由此可以看出，大部分高等学校体育理论课的课时数都是受天气等外在因素影响的。课时的缺乏造成授课内容的简化，授课计划不能按时完成，学生也难以将所学知识构成一个完整的体系。

而在体育理论课选择方面，大多数院校会选择安全教育知识、健康生活方式和运动创伤知识这三个方面，侧重于对学生的安全教育和健康生活方式培养，青春期健康教育知识和职业病预防知识所占比例较少，高校对体育理论课的重视不足，忽视了体育理论课的重要性。由于体育项目具有独特性，学生需要对体育项目相关的知识进行了解，比如项目特点、规律和规则；大学生处于青春期，需要对其进行正确引导；此外，从事职业工作会产生职业病，也需要做好提前预防。因此，增加体育与健康知识、科学健身和职业体能知识的理论教学十分必要。

2. 高等学校体育实践课程内容

体育实践课程内容是体育课程的重中之重。在设置体育实践课程内容时，要考虑学生的需求，体现学生的主体地位，从而实现体育实践课程的顺利实施，提升体育实践课程的教学效果。

在初级阶段，体育实践课的任务是为了提高学生的体能储备、促进学生运动能力的发展，从而提升其在不同环境之中的适应力、团队意识。因此，主要的课程内容为田径、体操、球类项目；在进一步的发展中，体育实践课的任务是提升学生审美、身体以及心理方面的能力。因此，课程内容应有健身、娱乐等项目。

二、高校体育教学内容中存在的问题

（一）教学内容脱离社会所需

随着我国体育事业的不断发展，体育在整个社会中的认可度越来越高，整个市场迫切需要的是在适应经济社会发展的同时拥有超强实践能力和创新能力的高素质体育应用型人才。随着高等教育的大众化，推动高校的转型发展已迫在眉睫，作为我国高等教育重要组成部分的高校体育教育也不例外，需尽快建立以应用型为主的现代高等教育人才培养体系。学校所培养的人才质量的高低主要取决于该学校人才培养体系的构建，我国高等体育人才培养体系是在国家经济体制基础上所建立的，在计划经济时期，是以传统办学体制为基础不断发展起来的。目前，这种传统人才培养体系的教学内容相对落后，与社会需求不相适应。

"供非所需、需而不供"是体育教学内容设置与学生在教学实践过程中所需求的内容的主要矛盾，体育教学内容繁多、学时量不足、注重竞技体育而忽略基础体育是造成体育教学内容供需矛盾的根本原因。体育教师在教学内容选择方面主要以课程目标为主，结合地方特色，选择符合学生身心发展规律的教学内容进行教学。动作发展规律、学习技能层次在教师选择的教学内容中也占较高比例，说明教师对体育教学技能的关注较高。学校培养的是面向社会的人才，所以教学内容不仅要符合学生的需要，还要符合现代社会的需求。目前，体育教学内容的开发还仅仅停留在传统的满足学生兴趣、爱好等层面，没有紧随时代的发展，依据不同专业的特点进行体育教学内容的开发。

（二）教学内容以教师为中心

现阶段，在高校体育教学内容的制定过程中，学生作为教学活动的主体，并没有参与体育教学内容制定。整个教学过程都是以教师为主，学生为辅，教师只关注教的过程，即老师进行讲解、示范以及技术动作的纠正，学生进行动作的练习和巩固，忽略了学生之间的个体差异性，无视学生的主体性，学生的个性得不到应有的发展与重视，忽略了学生自主学习的兴趣。致使现行的教学计划和体育教学内容不符合学生的自身能力。

（三）教学内容设置过于单一

在体育教学发展中，传统的教学内容过于单一，盲目重视训练成绩，不关注学生感受，以致无法提高学生学习体育的兴趣，降低了学生对体育运动的参与热情，无法实现提升学生身体素质的教学目标。高校只有更好地改革当前体育课程教学内容，重视体育锻炼和体育课程的学习，提升自身综合实力，才能更好地激发学生的学习兴趣，实现体育教学的价值。

（四）教学内容制定缺乏创新

教学内容因循守旧，缺乏趣味性，没有创新，不注意结合学生身心发展特点，缺乏差异性对待是现阶段存在的基本问题。目前，我国高校体育教育内容设置较为传统，大部分项目对体能消耗较大，但趣味性不足，具有一定的局限性。教学内容的设计以项目技能的学习和练习为主线，所以在学习过程中，多数学生为机械性训练，按照本单元安排的内容循环练习，缺少一定的趣味性。比如田径运动，每次上课都是先进行一般性准备活动，再进行专项准备活动，然后进行专项技术动作要领的讲解，随后是分组练习与中间穿插讲解，最后进行的是本节课专项技能学习的总结与放松活动，之后下课。一节课的安排很紧密，体能消耗较大，对于不是专业练习田径项目的同学来说，可能无法完成正常的教学安排，难度较大，不易掌握。体育教师还注重在教学中进行身体锻炼的教学模式。要求体育锻炼的内容与专项学习的练习动作相对应，追求身体的全面锻炼与发展，授课多采用循环练习法等。但身体锻炼的练习方法并不受学生欢迎，多数学生反感田径课的教学方式，对单调的循环式授课方式并不认同。

传统教学内容已经不适合当前学生的需求，高校需要进行教学创新，对学校体育教育中的角色进行审视，应重新对体育运动的功能和价值进行挖掘，引导学生形成"终身体育"的理念，不断优化与创新教学方法和手段，在课程配置、教学内容等方面贯彻"以人为本"的理念，将体育本身拥有的竞技性与健身相结合，将趣味性的内容引入体育教学，探索体育教育内容的新路径，让高校体育教学能够获得持续的发展。

（五）教学内容与课时量矛盾

高校安排的体育教学课时量较少，在课时量内无法达到教材中技术动作的质量、数量和难度，只是压缩和减少教学时数而不协调教学内容，致使学生在体育教学课程中不能有效地掌握技术要领，整合、优化教学资源。因此，合理地增加课时量是体育教学内容改革中比较有现实意义的可行性方案。

（六）教学内容的评价不完善

目前，大部分高校并没有形成学生评价和教师评价的教务系统，会缺少这一年对于学生或教师的反馈信息，学校可能会无法了解真实的情况。目前，高校体育教师的专业素质都比较强，但是缺乏对教学做出评价的能力，很难通过教师来了解学生对体育教学内容的要求，也很难通过学生发现内容安排的不足之处，提高教学内容的利用率，使时间利用最大化。同时，学生也是教师授课的主体对象，教师要在充分了解对象的基础上做出正确的选择，这样不仅能提升教师的教学水平，而且能使教师的教学利用最大化，满足学生的需求。

（七）教学内容设置衔接性差

体育知识技能掌握和学生身体素质发展之间有一定联系，应以学生身体习惯、良好生活方式、社会情感发展和社会的需求为依据建立衔接性，促进学生运动能力的发展。总体而言，高校体育教学内容重复性高，各教学单元缺少整体组合的衔接性，学生对体育教学内容掌握不牢固，有时甚至不了解已经学习过的内容。

（八）教学内容设置的不全面

大部分高校体育教学内容主要是接力跑、障碍跑、跳跃、投掷等内容，其中接力跑游戏、跳跃游戏占比较大，说明在大部分高校体育教学内容的选择和实际操作中，以易授课、好组织、安全性高的项目为主，以学生的体能性运动为主，攀爬、传统游戏选择率不高，为促进学生全面发展，教材选择应多样化。

（九）教学内容设置的重复性

目前，高校体育教学内容的选择存在一定的重复性，有些学生不了解学习过的体育教学内容。这是因为每节课内容都很相似，变换方式、方法、做身体锻炼，内容不明确，缺乏学习计划，缺少复习与巩固。体育教师认为教学内容缺乏趣味性，比较陈旧、没有创新，不注意结合学生身心发展特点，缺乏个别差异性对待。

三、高校体育教学内容优化

（一）高校体育教学内容优化的策略

1.建立体育教学内容电子数据库

以学生的年龄特征、身心发展、体育运动发展规律等为依据，将丰富的国内外体育教学内容进行收集、整理、分类、分层，按照技术动作的难易程度分别投递到高校体育教学的各个水平段。建立同一水平不同体育教学内容之间的横向逻辑联系，不同水平同一体育教学内容之间的递进晋升关系，形成重复教材不同难度水平，不同水平都有新的教学内容学习空间。

一线体育教师可以选择合适的教学内容，避免选择教学内容时的盲目性，减少重复性，有助于提高高校体育教学质量，有助于提高体育运动参与乐趣，促进大学生体质健康水平的提升，促进其生命个体的全面发展，树立终身体育意识。

2.建立体育与健康成长电子档案

结合目前我国高校学生电子学籍系统，充分发挥新时代的科学技术优势，建立学生"体育与健康成长电子档案"。将学生参与体育活动的情况具体、真实地记录下来，包括各个水平不同年级，不同学年度、学期完成体育教学内容情况，完成体育教学内容的基本情况、完成的星级情况、完成的达标情况等。跟踪学生学习情况，作为学生参加体育教学活动的过程性评价，形成阶段性评价，有利于高校各水平学段的体育教师了解学生学了哪些教学内容，学到了什么程度，以及今后教学内容的选择方向等。

高校学生体育与健康成长电子档案的体育教学内容指标，能够及时反馈当时体育教学内容选择的实效性，为体育教学内容的改革提供最有力的实证，使体育教学内容进入深度改革时期。将课程标准中的"以学生为主体，关注学生全面发展"落实到高校体育教学具体的实践中去，量化体育教学内容效果，有助于提升体育教学质量，便于社会对高校体育教学情况的监督，加快高校体育教学的发展，提高体育教学中学生基本运动能力，有助于终身体育健康意识的形成。

3. 内容以学生的全面发展为核心

完善高校体育教学内容体系，关注学生生命个体的独特性、鲜活性、不可替代性，用丰富多彩的教学内容，唤醒学生内在的本体感觉，变"由外而内的接受式学习"为"由内而外的主动学习"。体育教学的本质是由远古的狩猎行为演变而来的运动，当时的运动是出于内心最深处的需要，如果不去狩猎，就要忍受饥饿。而如今丰衣足食，体育教学依然要回归到"满足学生个体内心的需要"上，并非用现有的教学内容"绑架"学生的内心需求。

体育教学内容游戏化，体育教学模式良性循环。改变教学内容的单一性、枯燥性，将经典的教学内容趣味化、游戏化，让学生最先在游戏中体验，然后产生提高技能的渴望，将学习体育运动技能变成本能的需要。体育教学最需要做的是还原基本运动的环境，在教学初期，教育的作用应该是弱化的，主要是提供良好的、安全的、有锻炼价值的游戏环境，在玩中体验本我的需求，从学生跑不过去、爬不上去、跳不过去到跑得快、爬得高、跳得远，形成了在游戏中寻找自我不足，认识不足，接受不足。"玩中学"的"临界点"就是体育教学的最佳点，就是体育教师的教与学生的学阶段，提高基本运动能力，到再次游戏，再需求，再学习。形成良性的"需求—教学—实践—再需求—再教学—再实践"的循环模式，是"游戏体验—技能教学—应用实践—再游戏体验—再技能教学—再应用实践"的循环模式，这个循环的周期可以是一节课、一个技能教学单元、一个单元教学、一个学期、一个学年等，放慢教学速度，改变"为了教而教"的现实，有助于体育教学质量的提高，更重要的是学生生命个体内在的需要被唤醒，这是体育教学的本质，体育教学也将达到事半功倍的效果。

4. 为高校体育教学内容进行瘦身

体育教学又是关乎学生身体健康、生命健康的教育，因此，体育教学内容更应循序渐进地，随着生命个体的发展有序地、有阶段性地进入，这是一个漫长的教育过程，教学内容的系统性、规范性非常重要。在众多的、丰富的教学内容中，排除一些非必要的教学内容，科学、合理地精选体育教学内容，在为教学内容瘦身的同时，将经典的体育教学内容选入教科书。焕发体育教学的生命力，而非体育教学内容的基本罗列、重组、编排。

正确认识"体能"，体能是体育教学内容最基本的核心元素，并非体育教学内容的全部内容，也不是体育教学的全部目的。体能是体育运动的一个最小的"细胞"，重要且不能缺少。体能存在于体育运动的每个组织结构中，是体育教学内容不可缺少的一个元素，也是贯穿体育教科书的主线。

5.根据体育教师能力完善教学内容

体育教学内容需要充分分析体育人才队伍的建设，不能被动地受制于体育教师队伍的教学素质和发展条件，另外也要根据实际进行。体育老师不能脱离体育教学的重点内容，要将重点内容付诸实际行动。实际上，只有体育老师遵循体育教学内容研发的规律，并积极投身于体育教学内容的研发过程，在体育课程的实施中不断学习，提升综合素质，把体育教学当作自身最重要的责任和使命，并不断进行改革，这样才能达到体育课程理想化的标准。

体育教师不仅是专业的体育教师，更是体育教学的多面手。随着我国社会主义的发展，体育教师的学历水平逐年提升，更具专业性，但对于心理学、教育学方面理论知识的掌握相对薄弱。这不仅限制了体育教师专业化水平在教学中的发挥，更不利于学生的学习与健康成长。体育教师不仅要掌握本专业的知识，更要了解掌握教育学、心理学、社会学等学科的知识，为体育教育的专业知识传授服务，因此，体育教师的专业成长不仅要围绕着体育学科的专业知识开展，更应对体育教师进行培训内容多元化的继续教育培训。特别要加强体育教师的入职培训，因为教师角色的转变，教师知识技能的转变等都需要再学习。

在体育教学内容中，教师只有具有强烈的开发观念，才能积极主动地了解课程研发设计人员所要求达到的目标，设计者设计教学内容的因素，掌握教学课程方案所蕴含的内在条件和要求；教师只有具备了较高的课程研发水平，才可以在课程研发过程中，按照课程实施情况对课程进行调整和完善，并弥补课程设计本身存在的不足，这样才可以更加主动地从课程编制和研发的立场来组织和执行，同时找到课程内容中不协调的因素，并有目的地进行改善。简单来说，只有教师具备强烈的课程研发意识和能力，才可以促进教学的顺利开展。

6.根据学生情况完善体育教学内容

在专项课程设计中要按照社会的需求进行合理的研发和设置，并尽量与社会的发展需要保持一致；在学生选择专项的过程中，学校要设置专业的老师对专项进行概述，帮助学生了解专项的内容及其对身体综合素质的要求，消除不好的学习动机，另外针对不同专业学生状况给予详细的概述；最后要制定合理完善的专项选择方式，让教师和学生进行选择，同时对学生开展专项的综合素质审核，明确学生是否能适应学习专项。

（二）高校体育教学内容优化的原则

自从学校教育开展以来，课程资源建设就开始不断发展。在春秋战国时期，教育学家孔子就为儒家的课程教育打下了坚实的基础。在现代教育时期，现代知识是最为基础的资源，不同时期有不同的教育理念和不同的教育目标。就现代课程的特点来讲，其必须要遵循现代社会发展轨迹，现代课程教育通常以追求普遍性、真理性等科学知识作为最高准则。高等院校体育教育必须要顺应时代发展要求，优化体育教学内容。体育课程内容应当根据时代发展要求不断更新，而体育教学作为体育课程资源的一个重要来源，其地位日益重要。

1.健康性原则

体育教学内容应以紧抓课程为主要目标，将健康作为最重要的目标，既锻炼学生的身体，提升身体素质，又让学生加深了对体育知识的了解。体育教学内容具有积极的普遍意义，换句话说，就是能够满足大多数学生的需求。不同专业的学生所需要的体育项目不同，为了满足不同学生的需求，只能基于不同专业进行体育教学，使体育教学内容能够满足不同学生的需求，达到积极的普遍性。

2.导向性原则

体育课程目标是体育教学内容制定的指导，是体育课程资源选取的重要依据。首先，各学校应当充分考虑学校自身的综合条件，学生自身的能力要求，建立适合自身发展要求的目标，并围绕其组织体育课程资源。其次，依据不同专业的特点，有针对性地开发适合不同专业学生的体育内容，众所周知，体育课程还包括体育健康等方面的知识，对于会计专业的学生而言，其体育课程目标应当包括促进健康、道德教育、促进心理健康等。

因此，目标是体育教学内容的原则和方向，在体育教学过程中，必须要围绕总目标与不同专业的目标开展各项工作，尽力避免出现偏离方向的问题。在设计一个课程的时候，选择科学、合理、有效的体育课程内容，将会有非常显著的作用。例如，对于竞技类课程内容，经过体育教师的改造，能够将其目标转变为提高学生的健康水平，可以在最大限度上满足学生的需要。所以，我们要根据教学目标，分析各种内容所起的作用，并根据教学研发目标制定体育教学内容。

3. 接受性原则

根据人本主义学者研究来看，体育教学应从学习者角度出发，关注学习者的兴趣。因此，在选择体育教学内容资源的时候，应当避免出现枯燥无味的教育内容，将兴趣培养作为主要依据。兴趣爱好可以引导学生参与到体育运动当中，激发学生学习体育知识和技术的兴趣。仅仅注重体育教学内容的科学性和统一性，将学生当作掌握体育知识和技能的工具，不重视学生的兴趣和爱好，将会对学生的积极性、创造性造成一定的抑制。因此，在未来的发展过程中，应当多安排一些学生易学、感兴趣的体育项目和体育内容，是促进学生全面发展的重要方法。

4. 实效性原则

在体育教学内容方面，应当充分结合学校实际情况和校内师生情况，尽可能地发挥出学校现有资源的最大功能，尽可能地减少投入成本，提升教学效果，提升社会影响，促使更多学生参与到项目中来。谨记不能盲目进行体育教学，这样不但会花费大量的成本，还发挥不出体育项目的效果。在新时期，我们要走出传统体育思想的模式，针对不同专业的学生进行不同内容的体育教学，深入挖掘教育价值，丰富教材内容，将更多的选择权放到学生手中，在学生心中建立正确的体育健康价值观。

5. 安全性原则

体育教学内容制定过程中还必须要注重安全性原则。体育学科和其他学科之间存在着一定的差异性，体育课需要学生亲身参与到体育活动当中，学生对于教学内容的实践性体验非常的强。安全性原则必须要贯穿于整个教学活动。因此，在体育教学内容中，应当充分考虑学校教学设施情况、学生的个体经验、教师的教学经验等，保证教学对象的安全。

第二节　高校体育教学内容的目标与要求

一、传统性体育教学项目的目标和要求

（一）体育保健

1. 体育保健教学内容的目标

体育保健是对部分身体状况异常或病弱等特殊群体的学生所开设的以康复、保健为主的体育课程，并且还是根据专门的教材，辅以专业教师而开设实施的课程。它有着增强身体素质、提振精神、使身心愉悦的功效。对于一所学校的体育教学来说，体育保健无疑是重要组成部分。这一课程可以全面提高人的身体素质，帮助学生修习相应的健身知识，逐渐树立终身体育思想和良好的卫生保健意识。

课程的目的性很强，在充分利用个体主观能动性的同时，辅以一定的锻炼，进而达到有意识地控制心理及生理各项活动的效果，有利于身体素质的强化以及疾病的预防或治疗。从保健卫生学的层面上入手组织相关教学，可以使学生拥有一个较好的心理、生理状态，并有利于大脑潜能的发挥，帮助学生提高学习效率。除此之外，还可以防止疲劳，保护学生身心健康，使其有一个正常的发育状态，从而有利于全面发展。体育保健还可以起到调节情绪的作用，使人有一个充满活力的精神状态，从而在自然和社会环境的适应过程中，提高适应能力和对疾病的抵抗能力。

2. 体育保健教学内容的要求

（1）注重学生个性化差异，根据不同学生的心理特点，进行不同的辅导。

（2）根据学生的实际情况为其量身定制一套适合锻炼的体育活动，加强学生课外体育活动。

（3）引导体育保健课学生利用文体设施来进行多种多样的健身活动和社交活动，不断提高自身的生活水平以及与人交往的能力。

（4）强化学生在课外体育活动中的选择性、主导性。

（5）加强体育保健课学生的课外体育活动，激发其参与的积极性，提高体育活动的趣味性。

（二）田径运动

田径运动中的走、跑、跳、投是人们生活中的基本技能，是各体育运动项目最基本的表现形式。

1. 田径运动教学内容的目标

基础是一切事物的根本和起点，田径运动是拥有健康体魄的基础，是人类生活、生产技能的基础，其从本质上要求我们要重视发展体育，提高身体素质，增强体能。随着高校体育运动的改革，人们对体育运动越来越重视。而田径运动作为基础性项目，既能培养学生自律和迎难而上的意志品质，也能培养学生积极向上的竞争意识。除此之外，田径运动还能起到强身健体、提升自身体质水平的作用，对身体素质以及运动技能的提升有全面影响，对其他项目运动技能的提升和运动成绩的提高有不可替代的作用。

2. 田径运动教学内容的要求

作为体育课中极其重要的教学内容，田径运动应得到更高的重视。高校田径运动普及程度的高低同样影响着我国田径运动的发展。从当前比赛的国际形势中可以看出，我国培养重心多放在竞技性比赛项目上。竞技性项目的观赏性虽强，但离我们日常生活却很远，所以田径运动项目不容易被大众所喜爱。

从田径训练方面来看，各高校都拥有自己的田径训练队，但通常不设田径课程，所招队员身体条件不同，能力不同，所能接受的训练强度不同，比赛成绩也参差不齐。由于学生业余训练时间少，训练时间经常与上课时间冲突，训练量难以保证。久而久之，形成了田径运动苦、累、脏的印象。

我国体育事业要想发展就必须重视田径运动的发展，无论是为了培养优秀田径运动员，还是为了实现全民健身的发展目标，都不能忽视田径运动的重要性。而高校作为培育人才的摇篮，田径运动作为基础性项目，其发展就要受到格外的重视。应针对目前发现的问题进行分析与总结，将田径运动教学、健身、竞赛三个方面结合起来制定教学内容，使学生在田径运动方面树立正确的认知，将学习技术能力与健身功能结合在一起，提高学生学习田径运动的积极性，使学生真正喜爱田径运动，促进高校田径运动的发展。

（三）体操运动

1. 体操运动教学内容的目标

当前，在教育改革创新、提倡素质教育、终身学习的大势下，以健康健身为目的的体操运动蓬勃发展，受到社会大众的广泛关注，大众参与度大大提高。

因此，体操教学内容应做到与时俱进，符合时代特征，结合社会实际需要，不断创新发展。

2. 体操运动教学内容的要求

（1）在满足学生未来健康发展需要的同时，注重夯实学生基础，延伸学习。

（2）应紧紧结合国外优秀的发展成果，充分体现体操课程自身价值，围绕新时代下课程改革的新趋势，增强课程实用性及大众性。

（3）应考虑体育和文化发展所具有的连续性特征，根据形势的发展，及时选择开设实用性强、健身效果突出、健美性强、趣味性强、生活化的体操课程，并依据教学实践活动中面临的具体问题适时对教学内容进行拓展、创新。

（4）要促使学生掌握科学的健身知识和方法，帮助学生提高学习能力和实践能力，更好地适应社会的需求。

（四）球类运动

从我国各高校发展态势来看，高校球类运动项目都具有良好的发展前景，主要体现在以下两个方面。首先，大学生群体更能将球类运动独特的魅力凸显出来；其次，高校球类竞赛体系和竞赛规则正得到逐步完善，适合我国高校的发展方向。

1. 球类运动教学内容的目标

（1）让学生充分了解球类运动的基本概念和球类运动的比赛规则。

（2）使学生能够掌握一些球类运动的技能和技巧，以及参加球类运动比赛的基本技能和应掌握的常识性知识。

（3）球类运动不是一个人的表演，不仅需要个人力量和技巧，更需要队员之间的配合和协作，需要队员之间的相互鼓励，它不仅代表一支队伍，更代表团队精神素养。

2. 球类运动教学内容的要求

在我国，任何一项体育教学项目都是高校训练工作的重要环节，不仅在体育强国战略中占有极其重要的地位，而且也是各高校课外体育的重要组成部分，更是实现全民健身的体育活动之一。

高校开展球类运动不仅要促进学生德、智、体、美、劳全面发展，而且要鼓励高校大学生积极参加体育活动，开展校内外各种体育竞赛活动，不但丰富了学生的业余文化生活，更有利于各高校形成生机勃勃的良好校风。

除此之外，各高校为全面贯彻我国的教育方针政策以及体育强国策略，深入推进球类运动的普及，努力把学校球类运动作为高校重点特色项目来抓。因此，各高校通过逐步落实国家体育强国目标策略，结合实际校情及具体条件，展现学校的竞技运动特色。

二、新兴体育教学项目的目标和要求

（一）乡土体育

1. 乡土体育运动内容的教学目标

作为新兴的体育教学内容，乡土体育教育主要让学生了解民间的体育和民俗风情，掌握一些具有地区特色的民俗体育知识和技能，促进当地传统文化的继承和传播。

2. 乡土体育教学内容的要求

这类体育项目来自民间，具有民俗文化的传播作用。要注重其内容的文化性、安全性、锻炼性和规范性，剔除运动项目中不利于文化传播或是正能量传播的因素，摒除一些错误的观念。

（二）新兴体育运动

1. 新兴体育教学内容的教育目标

体育教学的内容随着时代的发展而有所不同，新兴体育可以使学生掌握一种比较流行的体育运动文化，提高学生对新兴体育教学内容的兴趣，同时提高体育教学在终身教育方面的实用性，提高体育教学的质量。

2. 新兴体育教学内容的要求

由于是一种新兴的体育教学内容，所以选用这种教学内容时，首先要保证其符合教学条件的基本要求；其次就是注意体育教学内容的文化性、教育性、安全性和实践性，同时注意对教育内容的筛选，杜绝一些不利于学生成长的因素。

（三）体能与身体锻炼

1. 体能与身体锻炼教学内容的目标

在高校体育教学中，体能锻炼十分重要。体育教师应该通过这一部分教学内容有效地锻炼学生的身体，让学生掌握更多实践锻炼和运动的原则和方法，帮助他们更好地提升自己的技能和运动能力。

2.体能与身体锻炼教学内容的要求

由于这是对学生体能的锻炼，要结合学生身体素质状况和体育锻炼时应该遵循的基本规律，内容要注意锻炼的针对性。科学性和时效性，同时注意内容应该符合国家规定的关于学生体质健康的实行标准。

（四）巩固和应用类课程

1.巩固和应用类课程教学内容的目标

通过此类教学内容的学习，巩固学生学到的有关体育教学的基本知识和技能，并能够将其与运动实践相结合，借此提高学生的体育锻炼技能和能力，以及参加体育活动方面的常识和能力。

2.巩固和应用类课程教学内容的要求

在选用教学内容时，应该注意将其与学科内容和体育教学内容进行完美融合，注意对内容延展性和应用性的掌握，注意对学生创新能力和创新意识的培养，使学生能够进一步拓展所学习到的知识和技术。

第三节　体育教学内容的革新发展

一、针对高校体育教学实践内容的分析

为了能够更好地探究体育教学内容改革与创新的问题、增加理论依据，对部分高校的学生开展了一系列的调查研究，并总结了他们的一系列看法，进而对日前我国体育教学存在的问题进行分析。

部分学生认为，高校体育教学就是为了达到标准，基本上所有的体育课都是这样的。在高校体育教育中，尽管在要求上会比初中、高中时更加严格，但是内容上并没有增加，有些院校甚至更少了。这样的体育教育并没有带给学生更多的好处，相反，使学生产生了更多的恐惧心理。

体育课的开展应该是为了使学生积极参与体育锻炼，增强身体素质。然而，现阶段的体育课只有单一的内容，呆板的形式。如此单调的体育课打击了学生体育学习的积极性，严重违背了体育课的教学目的。高校体育课的存在是很有必要的，身体是革命的本钱，有健康的身体，才会有更好的未来。只有对现阶段的教学内容进行改革，才能得到更多学生的认可和喜爱。

此外，大部分学生都比较喜欢上体育课，毕竟学生能够在体育课上自由地

活动。有的学生希望可以在体育课上打打篮球，但是，现阶段体育老师为了完成教学任务，会安排学生们练习跑步，从而导致学生的精神很紧张，"压力山大"，这一点也违背了体育课最初设立的思想初衷。

体育课作为一门课程，应该具有丰富的内容与一定的科学性。但是，现阶段体育课堂教学的现状不是很理想。体育课只有乏味的、单调的内容。在体育课上，总是将同一项目反复练习，在这样的情况下，体育不仅不能使身体得到锻炼，还可能会导致学生失去学习兴趣。

综上所述，学生是体育教学的主体，也是对体育教学内容接触最多的人。然而，对于现阶段的体育教学，学生有很多不满，概括起来包括以下几方面。

①体育教学内容缺乏趣味性，过于单一。

②长跑类教学内容往往会使学生出现反感的情绪。

③学生已经厌倦反复进行的动作练习与队列练习。

④学生会对达标项目产生反感的情绪。

⑤由于学生厌烦体育课教学内容，其对体育教师也不存在好感。

⑥在体育课上，大部分学生都希望能学习一些喜爱的运动项目，比较反感那些锻炼性的运动。

学生对目前我国高校体育教学内容所做出的反馈，充分说明了现阶段体育教学内容已经出现比较明显的单调化问题，同时，也产生了一些其他的问题。

二、体育教学内容改革的方向分析

通过以上分析能够了解到，当前的体育教学改革存在一定的迫切性，不仅是教学大纲全面贯彻落实的要求，还作为研究的重点内容与实验的重点内容存在于新体育课程标准的相关研究中。体育教学应该怎样开展，改革的方向又是如何呢，针对这一问题，我们可以通过分析传统体育教学内容、体育教学全新理念来进行探讨。

（一）将学生作为一切行动的出发点

在对体育教学内容进行设计的过程中，没有完全地反映出学生的主体性地位。在对相关问题进行考虑的时候，体育教学内容应该优先考虑学生的需要与发展。在对体育教学内容进行建构的时候，首先应该将学生的发展与需求作为一切行动的根本出发点与落脚点。也就是在体育教学内容中要对学生怎样开展学习、如何获得学习成果进行充分考虑。

（二）对体育教学内容进行系统构建

一般而言，以往在对体育教学内容进行构建的时候，通常仅基于体育教学内容体系的完整性，并没有对其开放性与现代性给予足够的重视。同时，传统体育教学中的一些思想限制了其弹性与开放性。所以，在体育教学相关教材中引入更多学生喜欢的内容并不容易，正是由于上述各种因素的限制作用。

（三）体育教学内容的灵活性与统一性

体育教学内容存在很大的弹性。在对体育教学内容进行构建的时候，对于灵活性与统一性的相关问题没有进行妥善的处理。在确定体育教学相关内容的时候，没有优先考虑学生自身的发展需要。

（四）体育教学中概括性内容的出现

在确定体育教学内容时存在过多选择，而要想在学校规定的授课时间内完成全部内容的教授是不可能实现的。教学大纲对体育教学内容所做的规定是非常详细的，编写出的大部分教材基本上都是一种模式，而授课教师在对学生进行授课时，依靠的只是上面下发的相关教材，教师难以发挥创造性。体育教材中概括性内容的出现，将更加广阔的空间留给教师与学生。

（五）可多角度地实现体育教学目标

体育教学目标无法通过体育教学内容进行展示。一般来讲，如果体育教学内容是翔实的、具体的，那么通常都具有单一、枯燥的特点，有关心理健康、娱乐体育和体育文化的内容很少包含其中。

目前，体育教学内容的相关理念已经发生了很大变化，而体育教学内容出现的变化也是实实在在的。针对今后体育教学的发展方向，可以用四个字来对我国体育教学改革进行概括，即放开、开发。传统体育教学的教学方式单一呆板，通常由学校或者教师筛选体育锻炼的一些方法，然后将这些体育锻炼方法进行固定，组织全校的学生进行锻炼，并没有切实地体现因人而异原则。因此，体育教学改革应强调学生的主体性。此外，从体育锻炼方式上来讲，应始终坚持因人而异原则，增加学校的选择空间、体育教师的选择空间与学生的选择空间。这就是所谓的放开。这种体育教学方式没有全面推行，主要原因在于受到了学校体育场地设施的限制与体育师资力量的限制。而开放主要是指传统的体育教学体系具有较强的封闭性特征，应探求突破口与切入点，切实地保证每一个学校都能够充分考虑到自身的具体情况，自行改变自身原有的体育教学内容体系。

这样才能促进体育教学方式与体育教学方法的进步。同时，在开放式的体育教学中，一些新手段与新方法不断产生，学校和教师能够创造一个新平台，使每一个学生都能够充分展现自我。

体育教学内容一经改革，将会朝着丰富的、多样化的方向发展，学校也会扩大教师和学生选择体育教学内容的范围。体育教学内容体系不会保持一成不变，而旧的体育教学内容随时可能被新的体育教学内容所替代。此外，学校将会更加重视体育教学的文化性与娱乐性。体育教学内容将会获得学生们的真正喜爱。学生会更加主动地参与到体育运动中。

（六）高校体育教学计划要完整

体育教师对课程标准认知水平较高，能够积极撰写教学计划，并以安全为首要原则，结合教学实际制定教育性、可行性强的适合学生全面发展的计划。在撰写教学计划时，要以教材为依据，高校和体育教师都侧重于学期计划和课时计划的撰写与检查，而学年计划和单元计划次之。较完整的教学计划能够确保体育教学内容的实施。

目前，安全是高校体育教师撰写教学计划的首要原则，教育性、可行性成为教师们关注的焦点，说明教师在一线教学中更重视教学内容的实用性和可操作性，结合教学实际制订教育性、可行性强的适合学生全面发展的计划。

第四节　高校体育教学体教融合的意义与发展

一、我国高等体育院校体教融合概述

"体教融合"的理念随着我国社会的不断进步与发展，也在不断变化当中，它所表述的概念是以抽象形式存在的，并对社会发展和进步有一定的影响作用。体教融合理念主要包含以下两个方面的内容：一是准确认识体育竞技在当今社会中的地位，并考虑体育事业与社会发展、思想教育等方面的关系；二是思考如何培养优秀的体育竞技人才，怎样才能有效地提高人才的竞技能力。这是我国高校体育教学的主要方向，也是需要在今后的教育活动中需要围绕这两方面来克服的困难。

"体教融合"包含了"体育"和"教育"两个系统，"融合"的概念在《辞海》的解释里有两层含义：第一层含义是融解、融化；第二层含义是调和、和洽。

（一）融合教育

"融合教育"多指将多类型、跨年龄甚至跨文化的学习者融合在同一个教学组织形式中，进行基础阶段的文化教育，在欠发达地区满足基本教育需求，是教学行为的一个重要补充形式，可以在有限条件下尽可能地扩大教育规模，缩小因教育资源不平衡带来的差距(特殊教育等)。"融合教育"的本质是"人的全面发展"，认可人本身具有积极的能动性、主体性，提倡社会环境和系统知识的重要性。

（二）体教融合

"体教融合"就是以新技术为支撑、教育系统为培养主体，以竞技体育促进人的全面发展为桥梁，实现人的全面发展为最终导向，为国家的竞技体育储备人才，为国家人才战略计划做出贡献的重要教育举措。其最终目的是克服体育和教育在运动员时间和精力有限条件下无法良好共生的弊端，通过多媒体、数字网络和人工智能等新技术手段的运用，既可以打破运动员常规文化课程学习与专项训练的时间冲突，也可以对专项能力进行测量、训练干预、技术动作优化提升，提高训练效率、减少运动损伤最终实现运动员在体育和教育两方面的和谐发展，帮助学生回归正常的校园生活。

"体教融合"可以分成三个层次：一是体育和教育相互配合；二是体育与和教育相互结合；三是体育和教育相互融合。而我们目前进行体育体制改革的目标，就是实现第三个层次，要让体育和教育相互融合，做到二者的形神一体。"体教融合"也是以人为本理念的具体表现。体教融合模式下，高校体育教育工作将受到人们重视，青少年体育锻炼的机会更多，高校也将为国家输送更多高质量劳动者和体育人才，是面向体育发展、教育发展、社会发展的整体人才战略，是实现教育事业人才培养目标的内在要求。

现阶段我国施行的体教结合模式包括"混合型""省队校办""清华模式"和"南体模式"四种类型，他们只是结合的程度不同，还都没有达到融合的程度。"混合型"模式以体育部门组织建队和自主建队相结合的办法，且根据我国现有体育体制和各级大学生体育竞赛的规程来看，也是我国体教融合深入发展的必经之路。

但是要实现体育体制向"体教融合"的转变，其中还有很多的问题需要解决：体育和教育一直以来都是两个相对独立的系统，使之成为一个整体，伴随标准、规则、运行方式等革新都需要深入探索。"体教融合"是我国体育事业发展的必然趋势，我们应坚守这个方向，针对问题采用有效解决策略，克服种种障碍，最终实现建设体育强国的远大目标。结合我国体育体制运行现状及存在的问题，分析"混合型"体教结合模式在体育体制改革中的地位及其运行特征，指出其在促进我国竞技体育人才培养和校园阳光体育运动中的重要作用，进一步深化"体教融合"概念的内涵。在理论上的探索将为高校发展体育教育、为体育事业输送竞技人才提供参考，为体育事业的可持续发展做出贡献。

二、我国高等体育院校体教融合的意义

（一）体教融合是竞技体育的必由之路

竞技体育与高校体育融合发展与进步的基础就是解决现有问题，并以培养对象的综合发展为核心，寻找更优秀、更合理的发展路径。现阶段，"体教结合"的本质问题是不能解决"学训矛盾"，主体不清晰，体育部门和教育部门共同负责的愿景是美好的，实际工作中却造成了权责不明，回归了成绩至上、"金牌主义"的旧思想，并不利于培养具有综合素质的竞技体育后备人才，淡化了教育系统的作用，高校成了竞技体育的附属机构，成了专业运动员的训练后休息所，本质上没有实现"竞赛成绩为本"到"以人的发展为本"的思想转变，"体教融合"要充分利用竞技体育的教育作用，改善体强文弱的现状，立足长久的生存能力培养。

（二）社会和经济高速发展的必然要求

随着经济实力的不断增强，中国的科技、文化、体育等领域也都进入了快速发展期。在体育方面，中国在实现了体育大国发展目标之后，又朝向体育强国的方向迈进。目前，全国经济形势向好，社会文化事业在飞速发展的同时也面临着巨大的挑战，企业积极进行产业升级转型，事业单位加紧体制改革，各个领域都取得了更大的发展。

当然，体育领域要在这种形势中继续取得更大的成就，必然要面对各种规则和标准的更迭，也必须要尽快完成改革和更新。其运行机制必须要与社会主义市场经济体系发展趋势相适应，同时又不能脱离体育事业的本质特征，这就需要体育领域的改革，必须以体育运动自身的改革为基础，以社会性结构改革为导向，对原有的全国统一体制进行改革。我国也确实通过"举国体制"培养出了一大批体育竞技人才，但是随着市场经济的不断发展，这种形式已经不能适应体育人才培养的需要。

（三）教育和体育事业的共同发展需要

现阶段，教育事业和体育事业的重要性引起社会广泛关注。因为只有实现人的全面发展，中国才能真正建成小康社会。教育是培养人才的基础，承担着为社会建设输送接班人和建设者的重任，事关现代化建设的全局。而体育是让人的身体和心理更加健康，也是更高层次的发展目标。在人才培养中，体育和教育都和人的发展需求有密切关系，但是从需求层次上看，体育可以满足人更高层次的需求。因此，体育教育对于人的发展、国家的文明进步、社会建设现代化目标的实现，都有着非比寻常的意义。

体育本质上也是教育的组成部分之一，不仅能够给人以健康的体魄，还能让人形成坚强的意志、良好的个性品质等，在人的发展中具有重要作用。运动员进行体育锻炼的目的是提高运动表现，在比赛中获得更好的成绩；而学生则是为了让身体更加健康，同时享受体育给人带来的愉悦感。"体教结合"是实现体育事业可持续发展的正确选择，在高校教育发展和竞技体育人才培养中都具有突出优势。相关调查显示，目前学术界普遍认为实施体教结合模式还有一些需要解决的问题，实际上，体育和教育本是一体，体育必须与文化教育结合才能体现培养人的目标，而"体教融合"模式就是其最佳途径，体育与教育两者缺失其中任何一个，另一个的完整性都将受到影响。

"体教融合"是体育与教育的最佳形式，体育运动只有与教育合成一体，才能够实现它的使命。体教融合之路存在许多困难，由单纯体育系统培养人才进入体教融合阶段是时代发展的必然。

随着我国综合国力的不断发展，对体育事业的要求更加全面，这对新形势下促进竞技体育与高校教育的融合发展提出了新课题。在探究"体育"和"教育"关系的过程中，经历了"体教配合—形神分离""体教结合—形神兼具""体教融合—形神一体"三个境界，结合不是真正意义的集合，只有融合才能改变伪结合，所以第三境界是改革目标和追求。"体教融合"是转变使然、规律使然、"以人为本"使然。我国现行的竞技体育与高校体育的融合发展主要有"混合型"模式、"省队校办"模式、"清华模式"和"南体模式"四种，但是都存在各自的优势与障碍，并没有将两者完全融为一体。

"体教融合"正是两大系统齐头并进的新阶段，其核心就是实现体育与教育系统创新共享共荣的管理建制与运作模式，既帮助高校提高竞技水平，又使该系统对普通生体育氛围的营造作用得以加强，培养综合素质发展的优秀学生运动员，提倡体育与教育携手并进。

三、我国高等体育院校体教融合问题

虽然我国体育院校体教融合的工作在不断地完善和创新，但是随着社会发展要求的不断提高，我们现行的提交融合机制逐渐不能满足需求，出现了一些漏洞和问题，高校教师需要去发现和解决。行动受到思想的指导，高校进行运动队建设的观念依然陈旧，没有立足于国家和个人的长远发展，主管部门的工作理念与时代脱节。体育系统在成绩导向的工作理念下，必然会出现超量训练、占用文化课时间等问题，或者说，超量训练后运动员也不可能有充足的精力参与学习。教育则在应试教育的选拔制度下，重文轻体，开设"体育班""艺术班"让特长生远离了正常的校园生活，也影响了家长的价值观。片面追求文化课成绩，基本体育课程不能保障开展，对体育特长生存有歧视等现象屡见不鲜。

高校阶段，高校将运动队建设定位于快速收获业绩，将运动队当作提升学校品牌的工具，直接或间接地从中获利，并没有为融合发展做贡献的决心。限于学制问题和竞赛规则的资格限制，高校学生运动员更新换代很快，三到四年就要完成一次大更新，这与短期逐利行为的目标取向是相悖的。繁重的训练任务，高压的竞赛成绩要求，队伍内的快速淘汰机制，对学生造成的心理压力不容小觑，退队运动员无法回归校园生活的问题大量存在。

（一）人员编制问题

人员编制是指在一个组织中管理人员在对组织所需人员数量、类型、岗位等分析的基础上而确定出组织需要的适合企业发展的人员配备数量及界限。任何一个组织都不能忽略人员编制问题，高校发展省校联办专业运动队也必须处理好人员编制问题，建立一个能良好运作的管理体系。据资料显示，目前我国大学体育部都普遍存在人员编制问题，具体表现在以下几个方面。

（1）认识不够，人员编制管理工作存在随意性，没有认真考核相关人员的工作能力、自身素质等条件，导致工作效率不高、管理散乱等问题。

（2）结构调整不到位，部门设置不合理，管理部门、执行部门和监督部门没有很好地协调工作，存在相互推诿或相互包庇的问题。

（3）部门协调不够，存在各自为政的情况。组织、人事、财政、招生、日常管理以及后勤保障等有关部门沟通不够，工作脱节。长期下去必会影响省校联办专业运动队的运作效果。因此，高校应认真制订人员编制计划，应以战略为导向、以现状为基础、以工作为中心、以分析为手段的原则建立良好的管理体系。

（二）经费投入不足

经费不足或者在经费分配比例上不平衡，导致众多高校在校运动队的建设上受到阻碍。高校运动队的经费来源途径比较单一，主要依靠财政拨款。目前我国高校普遍拥有优越的经济条件，但是对体育事业的经济投入却是有限的，例如，江苏某高校2018年安全学院经费预算4000余万元人民币，同校的体育学院整体运行预算不足200万人民币，这其中涵盖了五个高水平运动队（男女篮球、田径、游泳、网球）的维护费用和学院所有日常运行开支。在有限经费内，高水平项目的发展又受到校领导小组意见的影响，领导的爱好往往导致了项目投入的倾斜，在场地设施、比赛安排等内容上均有体现。

教练员、运动员的待遇比较差，部分高校仅能支撑一项大赛的经费，队员很少有机会参加各种比赛，缺乏丰富的赛事经历往往会限制运动员在大赛的临场发挥。虽然地方体育部门有部分建设经费，但两部门"责任共担，利益共享"的协调机制还没有彻底理顺。

（三）受益主体模糊

高校建队的目的是全面发展的高水平竞技体育人才。根据高校建队的目的可知其受益主体主要是国家、高校、学生运动员三个方面，但是在实际环境中，高校建队的受益主体仍然存在模糊不清的情况。在国家层面上，开放大学高水平运动员招生政策的目的是培养全面发展的人才，实际高水平比赛仍由专业队垄断；大学的高水平运动队建设，始终得不到政府部门足够的支持力度；学生运动员想通过大学为自己将来谋得出路，但高强度的训练似乎和专业队生活区别不大，文化知识水平并没有显著提升。因此，高校运动队建设也应厘清其受益主体，综合三个层面的实际需求，进行三位一体的统筹规划。

（四）管理体制障碍

高校是体育特长生的招收主体和培训主体，而这类人群的资格审批却在体育系统内，这就导致体育系统为了能让高水平运动员进入高校而不断降低门槛，业余运动员进入大学的障碍不断增多。特别是在硕士、博士阶段的招生问题上，高校倾向于招收明星运动员，借此提升自身影响力，对该类人群的要求不断放宽，损害了教育公平，偏离了竞技体育与高校体育融合发展的轨迹。在大学阶段，高校对于高水平运动队的文化知识都编制了专门的培养方案，但是运动员基本都集中在指定专业，单独住宿，单独开班，几乎不与普通生接触；通过训练和比赛抵消学分，减免课程，降低毕业要求，虽然帮助运动员完成了学业，但是不利于其综合素质的发展，也损害了运动员的受教育权，这本质上又回归了"举国体制"下成长起来的运动员都存在文化知识薄弱的问题，学训矛盾愈加彰显，也是融合发展工作的重大阻碍。

四、我国高等体育院校体教融合策略

（一）转变教育观念

树立远大的教育观，促进学生的全面发展，是时代的要求，也是竞技体育的要求，是贯彻落实科学发展观的具体实践。我国教育界和体育界应该转变观念，统一思想，充分认识到体教融合教育方式对我国体育发展的促进作用，了解其特殊地位。把竞技体育纳入高校教育之中，把运动训练贯穿于体育教学和课外体育活动的各个环节，大力发展以运动训练为主要手段的学校体育。在大学阶段体育主要以竞技为主，学校应该以学校为基础，建立包含各个阶层竞技体育人才的培养平台和输送渠道的体系，实现竞技体育与教育的真正融合。在"体教融合"背景下，学校是培养竞技技能的唯一途径，既体现了教育的真正功能——培养全面发展的人，又体现了"以人为本"的科学发展观。所以不管是高等体校还是有关教育部门都应该为了长远发展，而转变教学观念，统一教学观念。

（二）全方位的管理

高水平运动员的管理是具有特殊性和技巧性的，不能采用统一的管理方式，也不能因为他们的特殊而不采取管理方式。运动员在入校以后，应该根据每个人的学习情况、兴趣特点，分配相适应的运动训练项目，尽量采取集中安排的形式，方便集中管理，统一学习时间和训练时间。

首先要对体校学生采取双重管理手段，把训练和文化课程分开评判，采取双学分制，可以适当延长学生在校时间年限，并且依据个人情况适当地减免学分或者课程。

其次，针对学生训练时间较长、忽略文化课学习的现象，学校可以为学生提供专门的文化课程老师，制定合理的训练和学习计划，以科学化地减少训练时间，以此来解决"学训"矛盾的问题。

另外，高等体校对学生的管理不仅包括训练和学习文化课程，还应尽量包括心理、政治思想、训练与比赛、膳食营养等方面。这些针对体校学生的全方

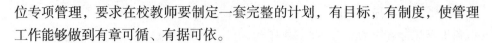

位专项管理，要求在校教师要制定一套完整的计划，有目标，有制度，使管理工作能够做到有章可循、有据可依。

（三）保障教育经费

转变筹资渠道，为学校筹集训练经费。之前高校的体育经费筹措渠道非常有限，无非就是等上级拨款，学校只能被动的"等、靠、要"，而"体教融合"的新教育模式其实是可以为学校打开市场，带来许多筹资经费的，可以给高校学生的训练经费拓展多种途径。随着市场经济的快速发展，学校运动队的传统模式受到了强烈的冲击，高校运动队的管理模式也不例外，把高校运动事业推向市场，实现体育运动经费结构多元化，寻求校企合作的运作模式是高校运动队发展的新方向。目前我国高校竞赛也初具规模，如篮球联赛、足球赛事等得到了许多公司的赞助和支持，给学校带来许多经费。学生的单项赛事、全国性的运动会也得到了国内外企业的捐赠和赞助。所以各级体育协会应该抓住市场，利用竞赛资源，打造赛事品牌，加强学校竞赛市场的开发与利用，为学校的体育竞赛开展提供相应的资助，比如可以多渠道地开发体育赛事，积极地吸引各方面的资源，通过学生赛事这一载体，为企业品牌打广告，宣传品牌。

（四）拓展人才渠道

首先，我们要建立业余运动体系。竞技体育只有结合教育的发展才能更好地展现其魅力，展现出顽强的、可持续的生命力。目前，我国的体育教学大致可分为两个体系，即教育部门办的体育体系和体育部门办的教育系列。而我们所说的"体教融合"就是要使这两个部门有机结合起来，形成有机统一的体育管理和训练系统，多层次、多渠道、多融合形成相互配合的业余有机训练。

其次，建立选才一体化、育才一条龙的运行机制。体育部门和教育部门应该最大限度上将教材的标准统一，不可再让教材多元化，使得没有统一的教学目标。高等院校要根据科学的选才标准，选择有潜力、有希望的后备人才加以培养，形成一体化的选才机制。在体育育才方面，不能只关注普通高中和高等院校，应该从小学、初中开始相互衔接、相互配套，形成选才的完整体系，从而保证能够及时发现优秀的后备人才，形成完整的育才机制。

（五）培养优秀教练

优秀称职的教师会影响一个学生的许多重要节点，特别是在"体教融合"发展的道路上，教师会影响整个教学的质量。纵观我国目前的体育高校和高水平运动队，许多教练员的来源都比较局限于高校体育教师。而高校体育教师虽然有较强的理论知识，但是缺乏体育竞技实战的经验。

首先，要重视高校内部具有教练员潜质的教师的选拔和培养，可以多委派其担任赛事的主导人员，鼓励其加强对自身业务能力的提升，并寻找其他培训的机会。

其次，高等体育院校应该加强教练员的人事改革制度，将教练员的职称、待遇问题与工作业绩相结合，并根据实际情况定期带动教练员去参与培训和学习，提高教练员的业务能力。

"体教融合"具有培养目标长远性、培养主体唯一性、培养对象业余性、培养过程科学性等特征。它的意义在于把受教育的权利真正还给运动员，能够促进他们的全面发展；有利于吸引更多具有潜质的学生从事业余锻炼，保障体育大国向体育强国稳步发展。"体教融合"需要校企联合，在统一的制度下，学校的教学才能更加符合科学性、社会性，有目标地提升教育的内容和制度。我们不仅需要从选拔人才、提高教师队伍等方面来改善"体教融合"的内容，还要重视教育观念和"学训"矛盾的处理。"体教融合"是一件长期发展的事情，高等院校任重而道远。

参 考 文 献

[1] 刘德佩.体育社会学 [M].北京：人民体育出版社，1990.

[2] 王宗平.体育与健康教育 [M].南京：河海大学出版社，2000.

[3] 李建芳，陈汉华.现代高校体育教学探索 [M].北京：北京体育大学出版社，2001.

[4] 樊临虎.体育教学论 [M].北京：人民体育出版社，2002.

[5] 司荣贵.高校体育与健康教育 [M].苏州：苏州大学出版社，2002.

[6] 李伟民.高校体育改革与发展 [M].上海：同济大学出版社，2003.

[7] 杨锡让.实用运动技能学 [M].北京：高等教育出版社，2004.

[8] 任莲香.体育文化与高校体育 [M].兰州：甘肃人民出版社，2005.

[9] 骆功健，宋修妮.体育与健康理论教程 [M].济南：山东大学出版社，2006.

[10] 毛振明，陈海波.体育教学方法理论与研究案例 [M].北京：人民体育出版社，2006.

[11] 程文广.中国近现代体育思想及体育教育发展论纲 [M].北京：北京体育大学出版社，2007.

[12] 吕高飞.大学体育教育理论与实践基于体育与健康课程理念下的教学改革与思想 [M].太原：山西人民出版社，2009.

[13] 董一凡，牟少华.高校体育教育研究 [M].昆明：云南大学出版社，2010.

[14] 吕艳玲，何成阳.现代体育与健康 [M].苏州：苏州大学出版社，2011.

[15] 袁莉萍.中国高校体育教育研究 [M].武汉：湖北科学技术出版社，2013.

[16] 李国柱.大学体育健康 [M].杭州：浙江大学出版社，2013.

[17] 王崇喜.体育课程与教学改革研究 [M].郑州：河南大学出版社，2014.

[18] 徐红琴.体育教师教育教学研究新视角 [M].武汉：武汉大学出版社，2014.

[19] 刘忠民，倪维广.体育保健与健康 [M].长春：吉林大学出版社，2014.

[20] 周遵琴.高校体育教学改革与发展 [M].成都：电子科技大学出版社，2015.

[21] 郭磊.体育教育的新视野 [M].长春：吉林大学出版社，2015.

[22] 郭道全，魏富民，肖勤.现代高校体育教学概论 [M].北京：中国商务出版社，2015.

[23] 吴江.体育教学与文化融合 [M].北京：冶金工业出版社，2015.

[24] 王惠.高校体育教学方法研究 [M].北京：光明日报出版社，2016.

[25] 陈炜，黄芸.体育教学与模式创新 [M].北京：光明日报出版社，2016.

[26] 王晟.运动技能与体育教学 [M].长春：吉林大学出版社，2016.

[27] 蒋宁.传统与现代交汇下的体育教学改革探索 [M].成都：西南交通大学出版社，2016.

[28] 刘金亮，胡新贞.体育与健康教育研究 [M].世界图书出版西安有限公司，2017.

[29] 罗玲，温宇，蓝芬.体育教育教学改革研究 [M].北京：民族出版社，2017.

[30] 任婷婷.高校体育教学管理改革与模式构建 [M].长春：吉林大学出版社，2017.

[31] 薛文忠.民族传统体育文化与研究生体育健康教育研究 [M].长春：吉林大学出版社，2017.

[32] 周怀玉.未来高校体育教师必备素质研究 [M].长春：吉林文史出版社，2017.

[33] 杜国如.学校体育健康新视野 [M].南昌：江西科学技术出版社，2017.

[34] 江宇.大学体育与健康 [M].苏州：苏州大学出版社，2017.

[35] 陈轩昂.新时期高校体育教学的改革与发展 [M].北京：航空工业出版社，2017.

[36] 谷茂恒，姜武成.高校体育教学评价体系的构建 [M].北京：航空工业出版社，2017.

[37] 董波.高校体育管理研究 [M].西安：西安交通大学出版社，2017.

[38] 覃俊连，胡玉玺，马艳.高校体育教学基本理论解析与实践指导教程 [M].北京：现代教育出版社，2017.

[39] 吉丽娜，李磊.高校体育教学与训练理论实践探究 [M].北京：地质出版社，2017.

[40] 曹宏宏.高校体育与健康课程教学实践改革研究 [M].长春：吉林出版集团

股份有限公司，2018.

[41] 贾振勇.体育教学改革与实践应用探 [M].北京：新华出版社，2018.

[42] 马鹏涛.高校体育教学改革创新与科学化训练研究 [M].北京：新华出版社，
2018.

[43] 康金峰.中国体操改革发展研究 [M].西安：世界图书出版西安有限公司，
2018.

[44] 曹丹.体育健康与体育教育学研究 [M].天津：天津科学技术出版社，
2018.

[45] 杜国如.学校体育与健康融合发展研究 [M].南昌：江西科学技术出版社，
2018.

[46] 王和鸣.民族传统体育文化在大学生体育健康教学模式中的融合与发展
[M].北京：北京工业大学出版社，2018.

[47] 孙强.篮球运动与体育健身研究 [M].广州：广东旅游出版社，2018.

[48] 于少勇，白光斌，黄海.大学体育 [M].西安：西安电子科技大学出版社，
2018.

[49] 杜宇峰.大学体育教程 [M].西安：西北工业大学出版社，2018.

[50] 受中秋，王双，黄荣宝.高校体育教育发展与改革探究 [M].长春：吉林大
学出版社，2018.

[51] 周春娟.高校体育教学的影响因素分析与改革探索 [M].青岛：中国海洋大
学出版社，2018.

[52] 邱建华，杜国如.体育与健康教学研究 [M].南昌：江西科学技术出版社，
2019.

[53] 刘伟.高校体育教育创新理念与实践教学研究 [M].北京：九州出版社，
2019.

[54] 鲁长春.高校田径教学与训练实践研究 [M].沈阳：沈阳出版社，2019.

[55] 王燕.多学科理论下学校体育课程体系的建设与发展研究 [M].北京：中国
书籍出版社，2019.

[56] 李志伟，冯强明.现代高校体育与健康教程 [M].天津：天津大学出版社，
2019.

[57] 岳游松.20 世纪西方体育思想史研究 [M].天津：天津社会科学院出版社，
2019.

[58] 夏越.现代高校体育教学研究 [M].北京：北京理工大学出版社，2019.

[59] 张京杭.高校体育教学方法实践探索 [M].北京：现代出版社，2019.

[60] 周西宽．现代"体育"概念几个问题的探讨 [J].成都体育学院学报，2004（04）：1-6.

[61] 熊斗寅．"体育"概念的整体性与本土化思考：兼与韩丹等同志商榷 [J].体育与科学，2004（02）：8-12.

[62] 黄德春．我国体育概念发展的哲学思考 [J].体育文化导刊，2005（02）：38-41.

[63] 张慧，杜寒，刘喜山．浅议我国体育概念的历史演变过程 [J].体育世界，2006（09）：14-15.

[64] 王学锋．身体教育与竞技运动的哲学思考 [J].体育学刊，2007（04）：11-16.

[65] 谢松林．论"体育"的名与实 [J].体育学刊，2009，16（11）：5-9.

[66] 胡科，虞重干．论大体育的逻辑起点与演绎路径：从身体的角度 [J].南京体育学院学报（社会科学版），2010，24（02）：48-51.

[67] 韩丹．谈体育概念的源流演变及其对我们的体育认识和改革的启示 [J].体育与科学，2010，31（04）：1-8.

[68] 蒋国保．论马一浮《宜山会语》之主旨及其展开理路与意义 [J].江苏行政学院学报，2013（06）：19-23.

[69] 王丽娟．浅谈高校特色体育课程体系的构建 [J].教育与职业，2016（16）：94-95.

[70] 王艳红．高校体育教育与大学生就业能力的培养研究 [J].社科纵横，2016，31（05）：148-150.

[71] 董峰．高校体育健康教育改革途径的探讨 [J].当代体育科技，2017，7（20）：127-128.

[72] 温祝英．高校体育与健康课程体系的构建与实践 [J].湖北函授大学学报，2017，30（11）：29-30.

[73] 汤盈．高校体育教育改革模式探析 [J].赤峰学院学报（自然科学版），2017，33（02）：83-84.

[74] 蔡晓菲，谢永力．"互联网+"时代背景下的高校体育信息化教学改革 [J].盐城师范学院学报（人文社会科学版），2018，38（03）：119-121.

[75] 蔡晓菲，谢永力．"互联网+"时代背景下的高校体育信息化教学改革 [J].盐城师范学院学报（人文社会科学版），2018，38（03）：119-121.

[76] 陈晓武，金想茹，张胜利．高校体育教学与心理健康教育融合研究 [J].科教导刊（中旬刊），2019（26）：114-115.

[77] 王炯豪.基于开放式运动技能学习原理的网球教学逻辑重构研究[D].长春:东北师范大学,2019.

[78] 史贵名.开放式运动技能原理在足球教学中的运用[J].黑龙江科学,2019,10(09):92-93.

[79] 孟军.终身体育理念下高校体育教学改革措施[J].当代体育科技,2019,9(11):4,6.

[80] 王广瑞.高校体育教学实施健康教育路径研究[J].当代体育科技,2019,9(23):68-69.

[81] 张琳.高校体育实施健康教育的两个迫切问题核心思路[J].老字号品牌营销,2019(12):75-76.

[82] 汤加林."科技引领,健康第一"背景下体育教育的改革创新研究[J].科技经济导刊,2020,28(08):174.

[83] 熊俊.基于大学生体质健康的高校体育教学改革探究[J].科教文汇(上旬刊),2020(03):104-105.

[84] 孟月婷."健康中国"视域下高校体育教学改革刍议[J].教育理论与实践,2020,40(06):50-52.

[85] 王高宣,陈万军.普通高校大学体育教学内容创新路径研究[J].当代体育科技,2020,10(01):126-127.